JN199023

鹿児島人物叢書⑧

長沢鼎

武士道精神と研究者精神で生き抜いたワインメーカー

The Biography of Kanae Nagasawa, Wine King

森　孝晴

TAKAHARU MORI

高城書房

80 歳くらいの長沢
（最後の写真と思われる）

ファウンテングローブ・ワイナリーのワイン醸造所

目次

※注

本文中の年月日、元号に続いて漢数字で書いてあるものは原則として和暦で、丸括弧内の洋数字は西暦（太陽暦）にしてある。

明治六年以降、月日が和暦と一致するので、漢数字にしてある。

はしがき

長沢鼎の伝記は今までに5つ書かれているが、そのうち2つはすでに絶版になっており、今も手に入るのは3つだと思われる。また、大学の研究者が書いたものが2つあるので、本書は大学教員の書いた3つ目の伝記ということになる。5つの伝記はそれぞれに特徴があって学ぶことも多い。私も自分らしいものが書けたらと思いつつ執筆したが、さてどうなっただろう。

さて、本書の特徴について少し述べておきたい。まず私は、長沢をめぐるいくつもの疑問に答えたいと思った。それは以前からよく訊かれる質問がいくつかあって、いつかまとめて答えておきたいと考えていたからだ。最も多い質問としては「なぜ長沢は帰国しなかったのか」と「なぜ長沢は結婚しなかったのか」というものがあるが、その他にも「長沢はクリスチャンになったのか、ならなかったとすればなぜならなかったのか」「ブドウ王とかワイン王と呼ばれたのはいつごろで、アメリカでも以前からそう呼ばれていたのか」「長沢の生誕地や生育地はどこか」「薩摩藩英国留学生プログラムとは何だったか、どの時点までを言うのか」などが時折問題にされてきた。

これらについては本文でできるだけ答えてきたつもりなので、お読みいただきたい。

帰国しなかったことについては、私はむしろ帰れなかった部分が多いと考えており、程度の問題を別にすれば帰る気は常にあったようにも思われるのである。造船ではなくワイン製造で藩への恩を返すことも長沢の選択肢の中にはあったと想像する。

もう一つの特徴は写真をふんだんに取り入れたことである。門田先生が持っておられて現在は鹿児島国際大学にある写真を多数使用しているが、この多くは門田先生の絶版になっている長沢伝に掲載されていたものだ。しかし、実は寄贈された資料の中には、今までほとんど出てくることのなかった長沢13歳の時の複数の写真など、もっと多くの貴重な写真が含まれていた。今回私は大学の許可を得てそうした貴重な写真もたくさん使用した。また、２０１８年までを書き込みたいと思ったので、長沢に縁があって現在も販売されている3種のカリフォルニアワインの写真やここ十数年のラウンドバーンやワイナリーの建物の写真、ラウンドバーンの焼け跡の写真なども、多くの方々や会社のご協力を得て掲載することができた。

さらに、今も述べたように、長沢は今も様々な場面や空間で生き続けているとの考えから、２０１８年の5月の出来事にまで触れたし、年表もそこまで作成した。また、私は、できるだけ史実を追いながらも、研究者らしく多くの解釈や推理を盛り込むことにした。

新しい歴史的事実はそれほど多くなくとも、「考え」「解釈する」伝記には十分なりえたと思っている。とはいえ、わかりやすいことはとても大事と考え、読みやすい文章も心掛けた。興味をもってお読みいただけると信じる。

写真などの資料の使用許諾について

本文においては使用した写真などの所有者や許諾については一部のみ記してあるが、すべての資料について所有者等に許可をもらっている。本書の写真等資料の多くは鹿児島国際大学の長沢鼎常設展示室兼資料室の資料であるが、カリフォルニア在住の長沢鼎の御子孫で現在の伊地知家当主であられるケン・イジチさんの許諾をいただいているほか、ワイナリーやその関係の企業、新聞社、ミュージアムなど各機関・個人の許諾をいただいている。

それ以外の写真や資料については森個人の所有である。快く許諾をくださった皆様にはこの場を借りて深くお礼申し上げる次第である。

著者

長沢鼎の出生と生育について

1．長沢鼎[1]の出生地をめぐる議論

長沢鼎は1852年（嘉永5年）2月20日に鹿児島城下で生まれている。幼名、すなわち本名は磯長彦輔[2]で、出生地は上之園町17番地（旧高麗町81番地）である。なぜそこが出生地と言われているかというと、まずはそのあたりに長沢の出生地記念碑があるからである。ただし現在の記念碑は二度ほど移動している（現在地は上之園町20―15。地元には「以前は甲南高校前にあった」との声もあるようだ）というから、細かく言うと寸分たがわずそこかどうかは不明である。昭和60年に刊行された荒田小学校三方限（さんぽうぎり）研究会の『三方限』にも長沢は高麗町の出身と書かれ、現地の三方限出身名士顕彰碑にも西郷隆盛と並んでその名が刻まれている。

長沢鼎（1852-1934）

上之園町にある長沢鼎の生誕地碑

ただ、門田明先生の『カリフォルニアの士魂——薩摩留学生長沢鼎小伝』によれば、従来長沢の出生地に関しては若干の議論があった。とはいえ、当時の武士の出生地というのはもともと正確にはわからないことも多いと聞く。武士たちが自宅で生まれたかどうかもはっきりしないし、自宅や居所、宅地がいくつもあることもあったからだ。したがって出生地を厳格に特定することは難しいと思われる。自他共に認める長沢研究の権威である門田先生の場合も、自らの著作物によって長沢の出生地についての記述のニュアンスが微妙に変わっている。

最も古い長沢伝である鷲津尺魔の『長沢鼎翁伝』には長沢の生誕地や生育地についての言及はない。長沢の遠縁にあたる犬塚孝明氏は『薩摩藩英国留学生』の中で、「磯永家は、城南の地高麗町に屋敷を構える小番格の中級武士であったが」とだけ触れている。

また、多胡吉郎氏は著書『海を越え、地に熟し　長沢鼎　ブドウ王になったラスト・サムライ』において「磯永彦輔は、嘉永五年（一八五二）、城下を流れる甲突川（こうつきがわ）の右岸にある荒田（あらた）の町で、中級武士の家に生まれた」と述べている。

　これに対して『評伝　長沢鼎　カリフォルニアに生きた薩摩の士』を書いた渡辺正清氏はかなり詳しい見方を披露している。まず父孫四郎の名のついた宅地が現在の上之園町にあったとする情報を提供する一方で、明治43年に長沢自身が新戸籍を作るにあたって本籍地を「荒田町53番地」にしたことについて長沢自身が大正12年に「下荒田（旧荒田町）で生まれたから」と記者に語ったことを紹介している。ただし、長沢は長く鹿児島を離れており、鹿児島市内の地名をどれほど正確に覚えていたかについてはやや疑問もある。

　そして、渡辺氏の結論は次のとおりである。

長沢鼎は父周徳の宅地（現・上之園町）で生まれ、幼児期に下荒田の本籍地かその近くに移ったのではと推測できる。

これはかなり首肯できる説だと思われるが、今一度長沢研究の権威者である門田明先生の説に耳を傾けてみよう。門田先生も、長沢は三方限の出身だが旧荒田町の生まれではないかと推測している。父孫四郎周徳の本籍地は「荒田町21番戸」だったとの情報などいくつかの根拠を示して、磯長家そのものは現在の下荒田と関係が深いと結論付けている。長沢は上之園町とも下荒田町とも深い縁があるということになりそうである。

それでは長沢の生まれ育った場所について我々はどう捉えればよいのだろうか。それは筆者の考えではこうである。すでに述べたように実際に生まれた場所は必ずしも居所や自宅とは限らないから、長沢は何らかの事情で父の宅地・地所のある上之園町で生まれた。そして、生後出国するまでの約13年間は、三方限などの郷中（ごじゅう）教育を受けながら上之園や下荒田など磯長家や母の家系の本籍地などが広がる甲突川右岸地域で育った。つまり、上之園から下荒田までの広がりのある地域が長沢鼎の本拠であり、ルーツであり、アイデンティティーの地なのである。

こういう考え方に立って、長沢が作った新戸籍に基づき、２０１５年11月には、下荒田町の甲突川のほとりの緑地公園に長沢鼎の「長沢鼎本籍・生立ちの地」碑が建立された。これは現地の八幡校区地区コミュニティー協議会が尽力して建造されたもので、筆者も碑文を作るのに協力させてもらった。このことにより、上之園から下荒田までの地域が長沢カントリーとも言える地域であることが社会に示されたのである。

2. 長沢の教育と生育

犬塚孝明氏は、磯長家について「…小番格の中級武士であったが、代々暦算家として島津家に仕えて来た」と述べている。門田先生によると、磯長家で長沢から四代ほどさかのぼると磯長孫四郎周英という人がいて薩摩暦官の一人で高い業績をあげたそうで、彼の弟子が天文館「明時館」館長を務めた。その子である孫四郎周経も暦法家、そして長沢の父孫四郎周徳も同じ道を歩んだらしいが、彼はまた長崎海軍伝習所で航海術なども学んでいる。

ここで注目すべきは何だろう。渡辺正清氏は暦官を「天文学者」と説明し、暦学者という呼び方もしている。要するに磯長家は代々「学者」「研究者」の家系なのである。このことについてはまた別の機会に、長沢がワイン醸造に生涯をかけるこ

下荒田町の「長沢鼎本籍・生立ちの地」碑

とになるころの記述で詳しく述べることになるが、筆者が長沢について強く注目していることの一つが「科学者長沢」「研究者長沢」ということだ。彼が優れたワインメーカーになったことはこういう家系に生まれ育ったことと無縁ではないのである。

この生育期のもうひとつの重要な視点は「郷中(ごじゅう)教育」である。長沢は、この薩摩藩独自の教育システムの下で育ったわけで、しかも彼が受けた郷中教育は西郷隆盛や大久保利通が受けたものなのだ。これも薩摩武士道との関連で別の機会に詳述するが、郷中教育そのものが薩摩武士道をたたき込む厳しい教育で、長沢が育った方限ではさらに徹底していたと思われる。その教育は文武両道で、小さなころから年上の先輩に鍛えられるという仕組みになっていた。

この郷中教育の中で特に厳しく仕込まれるのが自顕流である。自顕流の特徴は「強さ」と「速さ」であり、「続け打ち」などの練習法から実戦に至るまで徹底して激しく、そしてまっすぐである。引くことは許されず、「一撃必殺」つまり一気呵成に勝負を決めるというもので、あの新撰組さえ恐れた剣法だ。その核心にある思想は「意地」というもので、4つの極めて厳しい教えが知られている。これについてもまた別の機会に詳述するが、とにもかくにも薩摩武士道を象徴する剣法であり、長沢はこれを厳しく叩き込まれたようで、実際生涯忘れることはなかったようだ。

では、果たして長沢はこれらを完全に体得して一人前の武士として旅立ったと考えられるだろうか？　何しろ彼は13歳で渡英しているのだ。だが、当時の元服は12歳から15歳の間で行なわれていたのだし、10代の前半で結婚するということも珍しくはなかったのだから、13歳だからと言って今の感覚で考えてはいけない。長沢はひと通りは武士としての教育を修了した上で大人として出発したとみてよいだろう。しかも、特に厳しい郷中教育を受けたと考えられるし、さらに鷲津尺魔によれば、7、8歳のころから頭の良さを披露して人を驚かせていたようだし、最終的には開成所洋学校の学生の中から最年少で留学生に選抜されていることも考え合わせると、長沢は、ほぼ完成された薩摩武士となっていたと言ってよさそうである。

こうして見てくると、長沢の鹿児島における少年時代にすでに彼の一生を左右する二つの特徴・本質が表れていることに気づく。それは「学者」「研究者」の血と「薩摩武士道」である。筆者にはこの二つのことが長沢に関わる様々な疑問にも答えてくれる鍵であると考えられるのである。

注

1）長沢の「沢」については、戸籍から見ても正確には「澤」である。しかし、この字が難しく一般には馴染みが薄いからか、30年以上前の門田明先生の伝記や犬塚氏の書から比較的最近の多胡吉郎氏や渡辺正清氏の書に至るまで「沢」の方を採用している。筆者もそれに倣うことにする。

2）長沢の本名についても、もともとは「磯永」であったが、長沢自身が作った新戸籍の中では両親の名について、「磯長」というように「長」の文字が使用されており、書籍の中で「永」を使用しているのは犬塚孝明氏だけである。よって、長沢の新戸籍にある「長」の字を筆者も採用することにする。

薩摩藩英国留学生の旅立ちと長沢鼎の運命について

1．薩摩藩英国留学生派遣プログラムはどこから生まれたか？

そもそも薩摩藩英国留学生のプロジェクト、あるいは派遣プログラムとは何だったのか？　また、この派遣プログラムはどの時点まで続いたと言えるのだろうか？　このプログラム、すなわち海外に学生を送るという計画は、幕府以外でいえば、１８６３年の長州藩による派遣、いわゆる長州ファイブに続いて日本で２番目の派遣である。つまり日本で最も早い時期に、しかも鎖国中に行なわれたプログラムであったと言える。現在のホームステイプログラムの原型と言ってもいいかもしれない。あるいは、日本で最も早い時期のツアー旅行でもあったとも言えるかもしれない。

しかも、実は長州藩は若いとはいえ大人を5人送った小規模の留学団であるのに対して、薩摩藩の留学生団は19人と多く、学生だけでも15人に上るうえ、13歳、14歳といった若年者が含まれているのが特徴だ。これは、それぞれの年代で見るものの印象も違い将来の層の厚さも違ってくることを考慮したもので、この点やかけたお金の大きさや参加人数を考えると、薩摩藩の計画は日本初の本格的な留学生プログラムであったと言えよう。

では、薩摩藩英国留学生プロジェクトはどの時点で終了を迎えたと言えるだろう。イギリスに着いたところで終わったのだという意見があるがどうだろう。イギリスに着いた2年後の1867年には多くの学生が帰国しているからこの時点で終わったという考え方もあろうし、アメリカに渡った学生たちのほとんどが帰国した1868年をその年と見ることもできよう。

しかし、長沢鼎はこれ以降もアメリカにいたのであり、帰国しなかった、あるいはできなかったのである。全員が使命を終えて帰国するのを持ってプロジェクトの終了というならば、実は今もこのプロジェクトは終わっていないとさえ言える。あるいは長沢が亡くなった1934年を終了の年とすることも可能だろう。

さて、この薩摩藩の留学計画はどこから生まれたのだろう。それは、ひと言でいえば名君島津斉彬（1809―1858）の構想だろう。ただし、斉彬が国際的な視野を持っていた原因には彼の曽祖父の島津重豪（1745―1833）の影響があったことも忘れてはならない。斉彬は蘭癖大名として知られる重豪の影響で外国というものに興味を持ったわけで、そのことがほかの同時代人以上に早く留学生派遣を構想した原因になっていると言ってよい。

斉彬は参勤交代のため江戸にいることが多かったので幕府に入る海外情報を得ること

ができた上に、薩摩藩、つまり鹿児島は日本の最南端に位置していたので、琉球も支配下に置いていたためこちらからの情報も豊富であった。黒船の来訪についても浦和沖にやってくるかなり前に斉彬は知っていたそうである。19世紀後半の日本の周辺は、多くの国民は知らなかったが、実は騒然としていた。世界の帝王イギリスは、中国を制圧後の1877年にイギリス領インドが成立してさらに日本をうかがっていた。また、フランスはベトナムを自国領とした後やはり中国・日本へと手を伸ばし始めていた。さらに、ロシアも南下を始め、アメリカはフロンティアの延長線上に日本を目指していた。必ずしもすぐに日本を植民地化しようということではなかったが、日本との通商交渉の先に武力による侵略や植民地化も現実味を帯びていたのである。

このことを考慮した時斉彬は二つの派遣計画を構想した。一つは東へ、もうひとつは西への藩からの派遣であった。東への派遣とは篤姫のお輿入れである。これは留学生派遣構想と表裏一体だったのではないか。公武合体を見据えて幕府を動かそうと考えて篤姫を御台所にして問題の打開を図ったと思われるが、この計画の成功を待っている余裕はないと思い、もう一つの手として西への留学生派遣を構想したものと思われる。

『島津斉彬言行録』には「(斉彬は) 國學館井洋學所御開設ノ御趣意アラセラレ」とか「洋學所の儀は石川確太郎へ御内命アラセラレ」とあるが、少し離れた所には「弘ク世界ニ交通スベキ時とか「外國ニ乗リ出シテ交ル様ニ國威ヲ張ルヲ第一トス…此ノ目的ニシテ、學問ヲ弘クシ」などと書かれている。つまり外国に乗り出して交わるために洋学所を作るべきである、というのである。学校を作ろうというのだからもちろん対象は若い学生であろう。ということは、これは若い学生に外国のことを勉強させて外国に送ろうという計画そのものである。

しかし、斉彬はその計画を実施に移す前に亡くなってしまう。その後実権が弟の久光に移るとこの話はとん挫してしまった。しかしそこに起こったのが「生麦事件」である。

2．薩摩藩英国留学生派遣までの経緯

1862年8月、亡き兄斉彬のあとを継いで幕府対応のため江戸を訪れていた島津久光の大行列が今の神奈川県の生麦村を通過中のことだった。横浜に着いて間もないイギリス人グループの4人が観光のために馬を走らせている時にこの行列に出くわした。大名行列が通る時にはひれ伏してこれを見送るのが当時の日本人には当然のことだったが、この4人はその辺の事情をよく知らなかった。

馬上の4人が久光の行列に接触したその時、薩摩藩士が飛び出し自顕流の腕前を披露して馬上のリチャードソンを切って捨てた。接触は最高に無礼なことだったから、薩摩

側としては至極当然のことだった。リチャードソンは内臓が飛び出した状態で逃走したが、追跡してきた薩摩藩士にとどめを刺された。それは武士の情けとして行なわれた行為だったかもしれないが、これがあとでイギリス側の怒りを増幅したと思われる。

イギリスは案の定激怒して、幕府と薩摩藩に補償と犯人の引き渡しを求めた。幕府はこれに応じたが、薩摩側は当然ながらいわばこれを無視しとぼけて予定通り薩摩に戻った。もともと薩摩藩に悪感情を持っていたとは思えないが、さすがにイギリスとしては黙っているわけにはいかないから、翌年の1863年8月に、ユーリアラス号を旗艦とする7隻の軍艦を錦江湾に派遣した。ここで起こった15日から19日までの交渉と衝突を薩英戦争と呼ぶが、もちろんイギリス側の意図は戦争をすることではなかった。

イギリス側としては薩摩を威嚇し補償交渉のテーブルに着かせ、犯人を差し出させることだったが、薩摩側の対応は相変わらずのらりくらりだった。このあたりの交渉経過についてはイギリス側で残していた「キューパー提督報告」に詳しいが、両者のやり取りはとても面白い。結局は英側が薩摩の艦船を2隻拿捕したことで薩摩側は宣戦布告と解釈して両者の戦闘が開始された。

島津斉彬はこの日を予想していたかのように生前に錦江湾の各所に砲台を完備していた。つまり少しでも外国勢に対応できる軍備をしなければと考えて、磯の別邸で今は世界産業革命遺産となっている集成館事業を始めて、砲台をはじめとする武器弾薬等を作っていたのだ。この錦江湾の砲台群はなかなか善戦し、イギリスの艦船にそこそこ命中した。しかし、イギリス側は最新鋭のアームストロング砲を載せていて薩英戦争が初の試射だったらしい。この大砲の威力はすさまじく、薩摩の砲台はことごとく破壊され、上町(かんまち)地区を中心に街は丸焼けとなった。

しかし、イギリス側も旗艦を中心にかなりの損害を受け、死者も出した。また8月という台風シーズンでもあったため、もとより戦争をして上陸する意図のなかった7隻の艦隊は、とりあえず任務は果たしたということだろうが、撤退していった。この後、薩摩側、少なくとも上層部はことの重大性を感じイギリスの実力を認めて、補償交渉に応じ、速やかにイギリスとの交流を図ることとなるのである。

ここで注目すべきは、薩英戦争後の薩摩藩の動きの速さである。イギリス側に艦船の提供を依頼する一方で、時間をおかずに薩摩藩英国留学生派遣へとひた走るのである。最初の役者は「五代様」である。のちの五代友厚である五代才助は、当時薩摩藩きっての国際通で坂本龍馬の友人でもあったが、薩英戦争で捕虜になりながらも決死の覚悟で舞い戻り、1864年の春に藩庁にいわゆる「五代才助上申書」を提出するのだ。

この上申書は、イギリスに留学生を送る必要性を説いたものであり、そのための資金調達法にまで触れたものだった。これはまさに、先見的な島津斉彬の構想をよみがえらせたもので、兄のあとを継いで幕政改革や日本の改革に乗り出していた久光をはじめとする藩上層部を突き動かし、なんと6月には、開成所洋学校が開設された。この学校はわずか4年間で造士館に合併されるが、薩摩藩の教育や人材育成に大きな影響を及ぼした。ここで学んだ学生が留学生としてイギリスに渡りやがて帰国して明治初めの中心的な指導者になっているからだ。

この洋学校は、現在の小川町の「水族館口」電停のすぐ近くにあった。藩校の造士館で優秀だった者が洋学校に入学させられたそうで、開成所洋学校はエリート養成校でもあった。石川確太郎、ジョン万次郎、前島密などそうそうたる教師がいたわけだが、鹿児島で初の英語教師と言われる上野景範が教えたことにも注目すべきだろう。この洋学校の最大の特徴は英学専攻が設置されたことだと思う。

そして、この洋学校の英学専攻に設置と共に長沢は入学したのである。彼はおそらく最年少の学生だったと思われる。同時に長沢の兄貴分でのちに初代文部大臣になる森有礼も入学している。ちなみに、後にイギリスからアメリカに移動する6人の大半は英学専攻出身である。また、薩摩藩英国留学生の多くはこの開成所洋学校の中から選ばれている。初めから選抜を意識した開設であったのかもしれない。

3. 薩摩藩英国留学生の選抜と出発

いわゆる薩摩藩英国留学生とは、15人の学生と4人の使節によって構成された19人の留学生団のことである。その構成は次の通りだ。

	役職・立場	出発時	帰国後（またはアメリカで）の状況
〈使節〉			
新納久脩	大目付	32歳	家老
寺島宗則		32歳	外務卿、「日本電信の父」
五代友厚	留学生団のリーダー	29歳	経済人として大阪で活躍。大阪商法会議所初代会頭
堀　孝之	通詞。長崎出身	21歳	通訳。五代の片腕。
〈学生〉			
町田久成	留学生のリーダー	27歳	東京国立博物館初代館長、「博物館の父」
畠山義成		22歳	東京開成学校（今の東大）初代校長

名越時成		17歳	戊辰戦争に従軍
村橋久成	加治木島津家の出身	22歳	北海道開拓。「サッポロビール生みの親」
朝倉盛明	開成所教師	21歳	鉱山事業を近代化した
鮫島尚信	開成所教師	20歳	初代駐仏公使。
松村淳蔵	開成所生	23歳	「日本海軍生みの親」、海軍兵学校長
森　有礼	開成所生	17歳	初代文部大臣。初代駐米公使
高見弥一	開成所生。土佐藩出身	21歳	造士館の数学教師。
東郷愛之進	開成所生	23歳	戊辰戦争で戦死。
吉田清成	開成所生	20歳	駐米特命全権公使
長沢　鼎	開成所生	13歳	「カリフォルニアのブドウ王」、アメリカ永住。カリフォルニアワインの開拓者
町田　棟	開成所生	17歳	町田の弟。小松帯刀の養子
財部実行	開成所生	14歳	町田の弟。異人館通訳
中村博愛	医師	22歳	各国公使。仏語通訳

長沢の秀才ぶりを示す逸話はいくつかあるが、13歳の最年少でこの留学生プログラムに選ばれたこともそのひとつである。長沢は出発に際して「造船」を勉強してくるように命じられたが、このことが彼の運命を変えていく始まりだったかもしれない。なぜなら、藩命に忠実だった長沢にとってこれは至上命題だったから、のちになっても藩に命じられた使命を果たしていないという負い目になったと考えられるからだ。

なお、出発に際して薩摩藩英国留学生の一行は全員藩主より変名をもらった。これはまだ鎖国中だったからで、幕府に対して身元を知られないようにという配慮であったとともに、家族に対する配慮でもあったと思われる。面白いのは、メンバーのほとんどが帰国後にこの変名を捨て、本名や新しい名前に変えていることだ。帰国後、あるいは明治維新後に変名を完全な形で本名として使い続けたのは、松村淳蔵と長沢鼎の二人だけである。二人がいかに藩主からもらった名前にこだわったかがわかる。

長沢はのちにこの名で新戸籍を作ってさえいる。彼の忠義心の強さが知れよう。藩命にこたえなければならないと張り切っている13歳の新人藩士にとって、変名を与えられたということは、単なる藩の都合というよりもっと重い意味があった。長沢は、終生この名に恥じない生き方をしなければならないという運命を背負ったのである。

なお、朝倉盛明は変名であった朝倉省吾のうち「朝倉」だけをもらって本名としているが、なぜ姓だけにしたのかはわからない。忠義心について松村や長沢に比べて少し割り引かないといけないのかもしれない。それはともかく、前掲表にもあるように、一行のメンバーの多くは帰国後明治初めの国造りの時期に大変大きな役割をしている。初代文部大臣として、あるいは海軍の父として、はたまた東大の初代校長として大活躍をしたわけで、この留学生派遣プログラムが成功だったことを首肯させる。

長沢は、鹿児島を発つときも、ロンドンを発ってアバディーンに向かう時も、心を乱されることはなかったという。むろん今の13歳といっしょにしてはならないが、使命を果たさねばならないというまっすぐな気持ちで張りつめていたであろうことはわかる。そして、長沢がそういう気持ちを生涯持ち続けたということは、のちの彼の歩みを見れば理解されるのである。

羽島へ、そしてアバディーンまで
―長沢鼎の世界旅が始まる

1．薩摩藩英国留学生のロンドンまでの旅

1・1．羽島までの道のりと羽島滞在

若き薩摩の群像（鹿児島中央駅東口前、右下で座って左手を挙げているのが長沢）

長沢鼎（1852―1934）の世界をまたにかけた変転の人生は、まさに新納久脩の家から始まったのだ。寺島、五代、堀以外の薩摩藩英国留学生一行は1865年2月15日の朝に千石馬場の新納の屋敷に集まった。現在の大中寺のある場所である。屋敷は参勤交代路に沿っていたので、一行はここから出発して参勤交代路（薩摩街道〔出水筋〕）を進んだ。まず西田橋を渡ってまっすぐ進み、水上坂を登って武岡の大地をぬけて横井に向かっ

現在の西田橋（奥は千石馬場方向）

新納の屋敷のあったところ（千石馬場、現在は大中寺）

薩摩街道出水筋の案内板（日置市伊集院町土橋）

楠公社跡（横井）

た。そして茶屋で昼食休憩をとった後、楠公社に参拝し、その後伊集院へと向かった。

伊集院では妙円寺（現在の徳重神社）に参詣し今後の武運を祈った。夕方には参勤交代の宿泊地になっていた苗代川に着き、宿泊した。翌朝（16日）ここを発って市来に向かい、（旧）市来港から船に乗って海路羽島に向かった。これは羽島に向かう道が山続きで悪路だったからで、船で行く方が安全であったようである。こうして薩摩藩英国留学生一行17人はイギリスへの出発地となる羽島港（現在のいちき串木野市羽島）に到着した。17人は羽島ではまるまる2か月を過ごすことになった。トマス・グラバーの派遣する船を待っている間、彼らは二つの家に分宿して英語の勉強などに励んだ。羽島港にある薩摩藩英国留学生記念館にはこの時に一行が残したとされる遺品が展示されている。

薩摩街道出水筋（日置市伊集院町清藤）

妙円寺（現徳重神社）

旧市来港

羽島港からの眺め

羽島港

1・2. 羽島出航からロンドン到着まで

4月16日にようやくグラバー商会の蒸気船が羽島港沖に姿を現し、投錨した。オースタライエン（正しくはオーストレイリアンか?）号だ。翌17日朝、五代、松木、堀、ライル・ホームらと合流し羽島港の浅瀬から順次小舟で陸を離れた薩摩藩英国留学生の一行は、オースタライエン号に乗り移り香港をめざして出航した。三木靖鹿児島国際大学短期大学部名誉教授によれば、この時年少の町田猛彦は乗船せず石谷に戻ったという。羽島での死亡説があるが、そうではなかったようである。

さて、21日には香港に着いた一行は、下船後さらに大きな蒸気船に乗り換えて出航し、すでに築かれていた定期航路を進んでいった。5月5日にシンガポールに着き、5月8日にはペナンを経由し、15日にはゴールに、22日にはインドのボンベイに到着した。ここで下船した後、さらに大きな船に乗り換え、24日に出港した。一行は、31日にはアデン、そして6月8日にはスエズに到着した。しかし当時スエズ運河はまだ開通しておらず、工事中だったので、そこからは鉄道に乗り換え、蒸気機関車でカイロを経て6月9日にアレクサンドリアに到着した。

アレクサンドリアからはこれまでで最も大きな蒸気船で出航し、12日にマルタに着き、そのまま進んで16日にはジブラルタルを経て、ついに21日、イギリスのサウサンプトン

ston, on the ... to 21 days' hard labour.

SHIPPING INTELLIGENCE.

PENINSULAR AND ORIENTAL STEAM NAVIGATION COMPANY.

THE DELHI — Capt. J. R. Kellock, arrived at Southampton early on Wednesday morning, bringing 101 passengers (viz. 51 first class, 34 second-class and servants, 15 children and 1 deck), £3,586 in specie, 8 octaves of wine, and a general cargo. She brought no mails, being only a few hours in the rear of the Massilia. Among the Delhi's passengers were 19 Japanese gentlemen, Col. Barrowes, Major Burton, Capt. Millett, Dr. Hume, Col. Dunnivale, Col. Bull, Col. Curzon, &c. The Delhi left Alexandria on the 9th inst., Malta the 12th, and Gibraltar the 16th, and had fine weather on the voyage home, with light and variable winds. She spoke on the 9th Her Majesty's ship Cossack, steering for Alexandria; 13th, at 2 a.m., off Gozo, the Ellora (s.s.), bound to Malta, from Southampton on the 4th, with the Calcutta and China mails; 16th, on Tarifa, the Ceylon (s.s.), bound to Gibraltar, with the outward Bombay mails of the 12th from Southampton.

THE RIPON — Capt. J. Weeks, will leave Southampton on Tuesday next, with mails for Gibraltar, the Mediterranean, Egypt, Aden, Bombay, and Upper Bengal. Letters, &c., must be posted at Southampton before 10.30 p.m. on Monday, except those for Gibraltar, which can be posted up to 11.30 a.m. on the day of sailing.

ROYAL MAIL (WEST INDIA AND BRAZIL)

「19人の日本紳士」の上陸を知らせるサウサンプトンの新聞

港に到着した。彼らの到着を伝える記事が残っているが、「19人の日本人紳士」として紹介されている。19人の薩摩藩英国留学生の一行は、その日のうちに蒸気機関車でロンドンへ向かい、到着後ホテルに入った。翌22日には早くも、五代、堀の3人をケンジントンホテルに残して、他の16人はアパートに移り、共同で生活しながらグラバーの雇った家庭教師に英語を習うことになった。

　さて、薩摩藩英国留学生たちにとって、この2か月の旅はどういう意味があっただろう。三木靖氏は、彼らが寄港のたびに啓蒙されロンドンに着いた時にはよき西洋理解者になっていた、という筋書きに疑問を呈している。確かに彼らがみな西洋の知識

ロンドンで撮った写真。後列左から、畠山、高見、村橋、東郷、名越、前列左から、森、松村、中村

後列左から、田中、町田申四郎、鮫島、寺島、吉田、前列左から、町田清蔵、町田久成、長沢鼎。新納、五代、堀は、視察中で不在。

がゼロだったわけではなく五代やライル・ホームからの情報がかなり早い段階でもたらされていたに違いない。この旅の中で彼らがアイスクリームやパイナップルを食べて感動したという話も十分興味深いが、より大事なことは別にあるのである。

彼らが行く先々の港でイギリスの国力や技術力をリアルに目の当たりにしたことはやはり大きな驚きであっただろう。スエズから乗った蒸気機関車の経験も学生たちに同様の感慨とインパクトを与え、長沢も、自分に与えられた責務の大きさに思いを致したことであろうことは想像に難くない。また、武士の命であるはずの刀を腰から外して保管され、まげを切り、洋服を着ることになった点も、むしろこれからの彼らの戦いに向けての覚悟を決める儀式として効果的だったのではないか。英語の勉強も2か月で十分だったとはとても思えないが、彼らの多くは、堀やライル・ホームから毎日一生懸命学んだであろうから、基礎の基礎くらいの力はつき、一定の効果はあったと思われる。

2. 長沢鼎の一人旅のはじまり—アバディーンへ、そしてアメリカへ

長沢鼎は仲間たちとともにすでに地球を半周ほどしてきたが、彼の世界旅はこれからが本番である。のちにアメリカへは6人で行くことになるが、生涯全体でみると、一人で頑張った時間の方がはるかに長いのである。様々な人に支えられ親戚も呼び寄せ親友

もいたけれど、本質的にはある意味で一人旅であったとも言えるのではないか。それは一人の武士の孤独な人生旅である。

左記の4枚の写真のうち後者3枚はあまり見ることのない写真だが、きりっとしてしっかりした印象ながら、幼さも漂っている。このような長沢が一人でアバディーンに移動して行くことは不憫に感じるかもしれないが、彼の場合それは杞憂であったことが後になってわかるのである。

長沢以外の学生たちが入学したのはロンドン大学のユニバーシティ・カレッジである。

13歳の長沢（ロンドンにて）

同時期の長沢の写真

名刺代わりに撮ったと思われる写真

やはり同時期の長沢の写真。この２枚は珍しい写真である。

学生たちはここでそれぞれ藩から学ぶように指示された科目を勉強する一方、造船所やベッドフォードの工場を見学したりした。また、新納や五代は、使節として商談や外交交渉にとび回った。しかし８月に入ると留学費用が減らされる。実はこの年１９６５年には、西郷はすでに藩を指導する立場にあり、長州と接近して翌年には薩長同盟が成立し、薩摩藩は武力倒幕に大きく傾いていくことになる激動の時代に突入しつつあった。莫大な戦費がかかる時期に英国留学生たちへの仕送りが滞るのはやむを得ないことであった。

そんな時期に、長沢に大きな事件が起きたのだ。８月中旬に長沢だけがイギリス北部にある港町アバディーンに送られることになったのである。このことは羽島出発前から決まっていたことだとも言われるが、ともかく、彼が年少だという理由でユニバーシティー・カレッジに入れなかったことは事実だ。ではどうしてそんなに遠い町に行かねばならないかというと、アバディーンがグラバーの故郷だからである。グラバーは、自分の実家に長沢を寄宿させ、両親や兄弟と暮らさせてそこから自分の出身校である名門校「ジムネジウム」に通わせて勉強させようと考えたのだ。この学校で学ぶということはその後ロンドン大学に戻って造船を勉強することが前提であったと思われ

ロンドン大学ユニバーシティー・カレッジ

る。

藩から長沢に与えられた課題は造船であったからその意味でもアバディーンはふさわしかったし、年の近いグラバーの弟と通うというのも利点であった。ロンドンから遠いというのが難点と言えば言えるが、結果的には長沢が寂しくて弱音を吐いたという記録が全くなくむしろ武勇伝のようなものが伝わっているので、大きな障害にはならなかったと思われる。

トマス・グラバー

これより長沢以外の学生たちはロンドン大学で、いつか藩のために働くために一生懸命勉強することになるが、長沢だけは、1865年8月19日にほかのメンバーに見送られ汽車でアバディーンへと出発した。一人きりの旅立ちにもかかわらず堂々としていたといわれる。

さて、アバディーンでの長沢の勉強ぶりは激しいものであったようだ。それは、一刻も早くロンドンに戻って他の学生たちに追いつこうという気持ちだったろうし、藩の命令で留学に来ているのだから必死で勉強しなければならないという忠義心からくる責任感でもあったろう。長沢にも楽しい時間はあっただろうが、今の留学とは意識が全く違うことを前提に考えると、彼は死に物狂いで勉強に励んだに違いない。それを証明するのが、１８６６年６月と１８６７年６月に発行された地元紙「アバディーン・フリープレス紙」に掲載された成績優秀者の記事である。

それぞれ前年度の成績を載せたものだが、１８６５年度の成績としては、ラテン語で1位、英文法で1位、英語リーディングで3位、聖書演習で2位、歴史で5位、地理で1位、ライティングで3位、１８６６年度の成績としては、ラテン語で1位、ラテン語ライティングで2位、英文法・リーディングで1位、聖書演習で2位、ライティングで1位、フランス語で2位、作図初歩で9位、という驚異的な成績を残しているのだ。

外国の地でしかも日本人一人で、英語が共通語の中でこれだけの成績を取るというのは信じがたいことであるが、両年度において英語の各科目において1位を取っていることに注目したい。どれだけ長沢が猛勉強したのか、はたまたどれほど秀才であったのかと思わせるが、それは、学者の家系にある長沢がもともと頭のいい子供で、藩命にもどこまでも忠実であった証拠なのである。ついでながら、１８６６年の視学官のジムネジウム視察の記録に長沢が級長であったことが書かれているそうである。

FRIDAY, June 21, 1867.

GYMNASIUM, OLD ABERDEEN.

成績優秀者として長沢の名が載ったアバディーン・フリープレス紙（1867 年）

グラバーの実家

ジムネジウム

長沢の通学路にあったバルゴウニイ橋

長沢の通学路

1867年6月頃、ついに藩からの送金が途絶えた。同じころ長沢は夏休みを迎えてロンドンに戻った。7月中旬頃だったようだ。彼はそのまま、ほかの残留組5人とともに8月頃にアメリカに渡った。その5人とは、森、畠山、松村、鮫島、吉田である。長沢を含むこれら6人は全員英学生であったようである。これは興味深いことで、彼らだけが残っていた理由がわかるような気がする。つまり、英学生であったからこそ藩の命に従ってまだまだ勉強したかったのではないかということである。

ところで、この年に送金が中止されたことで留学生たちは続々と帰国することになる。藩が戦闘状態に入るということでこれに参戦するためにいてもたってもいられず帰っていった者もいただろうし、新納や五代のように一応視察や交渉の任を果たして帰るべくして帰った者もいたと思われる。新納や五代は早くも1866年の2月に帰国の途につき、5月には寺島と村橋が、6月には数人が帰国、1867年5月には町田久成が帰国の途についた。この時点で残っていたのが先に触れた6人であった。

ロンドン滞在中に薩摩藩英国留学生の一行はいわゆる「長州ファイブ」と会っているほか、1867年の4月から11月まで開催されたパリ万博に協力した。薩摩藩は幕府と並んで日本を代表する形で参加して、大いに気を吐いた。

さて、残った6人はなぜアメリカに渡ることになったのだろう。それにはまずローレ

トマス・レイク・ハリス

ローレンス・オリファント

ンス・オリファント（1829―1888）から紹介しなければならない。オリファントは、旅行家であり著述家でもあるが、1857年に来日し、1861年には江戸に入っている。翌年に帰国して外交官を辞した彼は1865年に英国の下院議員となったが、薩摩藩英国留学生たちを支援していた。このオリファントが、残っていた6人をアメリカに導き長沢の運命を大きく変える宗教家トマス・レイク・ハリス（1823―1906）を彼らに紹介した人物なのである。

ハリスはイギリス生まれだが、1850年にアメリカに渡り「新生兄弟社（Brotherhood of New Life）」を創設した。門田明先生はハリスの宗教は「キリスト教系の新興宗教」だと述べていたが、彼は理想郷的な共同体を作り、社会を変えて地上に天国を作ろうとして、すでに英米に多くの信者を獲得していた。オリファントもハリスの信奉者の一人で、1866年夏にアメリカを視察に行った吉田と鮫島をハリスに会わせた。吉田らの話したアメリカとハリスの印象は他の英学生たちに感動を与え、彼らはハリスの人柄と教えに引きつけられた。

1867年の春にはハリス自身がイギリスに来て学生たちと直接会うことで大勢は決まった。彼は学生たちに、ニューヨーク州アミニアにある彼のコロニーに来れば労働と引き換えに引き続いて勉強ができるように計らおうと申し出たのだ。鷲津尺魔によれば「米国に渡ったならば半日位働いて其余暇で学問すると宜しい」と言ったそうである。

こうした経緯があって、長沢鼎は他の5人の留学生とともに1867年の8月頃に大西洋を渡ってアメリカに移住した。同年、オリファントも母親とともにハリスの共同体に加わった。

長沢鼎、アメリカに生きる
―ニューヨーク州からカリフォルニア州へ

1．薩摩藩米国留学生との出会い

薩摩藩英国留学生のうちイギリスに残っていた長沢鼎、森有礼、畠山義成、松村淳蔵、鮫島尚信、吉田清成の6人は、トマス・レイク・ハリスの誘いに乗り、1867年の8月頃にアメリカに移住した。この時、あまり知られていないことだが、日本各所からの留学生がすでにアメリカに来ていた。薩摩藩も、なんと英国留学生を送り出した翌年の1866年3月には第2次留学生をアメリカへと送り出しているのだ。薩英戦争以来のスピーディーな動きはまだ続いていたわけで、藩の留学生への期待の高さと派遣の有効性への確信が見て取れる。

なぜアメリカだったのかについては、いくつかの理由が考えられる。まず明らかなのは、アメリカ留学の方が経費がかからないことが第1の理由であった。今でも平均的にはアメリカの方がやはり割安である。次に留学生の世話をしてくれる人物が複数いたことがある。ハリスもその一人といえるが、ほかにもサミュエル・ブラウンやフルベッキなどがいた。さらに、世界は、イギリスの時代からアメリカの時代へと移りつつあったわけで、アメリカに関心が移るのは当然といえば当然であった。
では、薩摩藩の第2次留学生計画、薩摩藩米国留学生プログラムの全容を、ハリスの「新生兄弟社」とのかかわりにも触れながら紹介しよう。まず、藩は、第1陣として5名の学生を1866年3月28日に長崎から出航させた。その5人とは次のとおりである。
仁礼景範　35歳、海軍学専攻、のちの海軍大臣、1868年9月帰国
江夏蘇助　35歳、海軍学専攻、帰国後病死、1868年9月帰国
湯地治右衛門　23歳、農政学専攻、のちの根室県令、1871年10月帰国、
種子島敬輔　22歳、法律学専攻、1873年帰国
吉原弥次郎　21歳、政治学専攻、のちの日本銀行初代総裁、1873年3月帰国
この5人は第2次留学生計画の中の主力グループで、藩の期待は大きかった。この5人は、ロンドンを経由して、同年9月27日にニューヨークに到着した。
この後に派遣される3人を加えた合計8人がこの第2次留学生の総員だが、この8人全員が、ニューヨークに本部を持つオランダ改革派教会の宣教師サミュエル・ブラウン（横浜）とフルベッキ（長崎）の仲介で留学し、ブラウンの出身校であるモンソン・アカデミー（マサチューセッツ州）に入学することになる。
第2陣は1名だけで、それは木藤市助（26歳）である。木藤は1866年7月3日に

横浜を出航して同年7月末にニューヨークに到着しているが、残念ながらその後滞米中に自殺してしまう。第2次留学生の最後となる第3陣は2名だった。それは谷元兵右衛門（21歳）と野村一介（26歳）で、1867年4月下旬に横浜を出航して同年6月26日にモンソンに到着しているが、二人は帰国するブラウンに同伴したものである。谷元は1868年9月に帰国し、のちに東京馬車鉄道社長になり、野村は1871年9月に帰国し、のちに開拓使官吏である開拓大主典になっている。

したがって長沢ら薩摩藩英国留学生の6人がアメリカに渡った1867年の8月頃という時期には、すでに上記の8人はすべてアメリカにいたことがわかる。そして、9月初めにニューヨーク州アミニアに着いた英国留学生の6人がまだここに滞在していた11月末までに、仁礼、江夏、湯地、木藤、谷元、野村の6人は、「新生兄弟社」に参加している。ただし、この合流は長くは続かず、この米国留学生6人は翌1868年5月頃まではモンソンに戻った。

その後、仁礼と江夏は、新政府の命令により同年11月末に帰国の途につき、9月には途中で谷元が合流して3人で帰国することになった。一方、野村は新生兄弟社にしばらくとどまっていたが、1871年9月に帰国した。また、湯地はマサチューセッツ農科大学で農政学を学んで、1871年10月に帰国した。

こうした動きの起こっている最中の１８７１年（明治４年）７月には、故国日本では廃藩置県が行われた。したがって、滞米中の留学生たちは、皮肉なことに正確には薩摩藩留学生ではなくなっていた。しかし、最後の藩費留学生とも思われる21歳の青年がアメリカへと渡航している。それは、鹿児島藩貢進生として送られた田尻稲次郎である。田尻は、開成所洋学校出身（英語専攻）で、慶應義塾や開成所（東大）や大学南校で学んだあと１８７１年にアメリカに渡った。彼は、ニューヨークの学校やラトガース大学のグラマースクールを経て、イエール大学に進み、１８７８年に28歳で同大学院に進学したあと、29歳で１８７９年に帰国している。帰国後田尻は、帝大教授、会計検査院長、東京市長などを歴任、１８８０年には専修大学の前身である「専修学校」を仲間とともに作り上げた。

あと残りの３人については、吉原はエール大学を優秀で卒業して１８７３年３月に帰国し、種子島は、イギリスに渡って法律を勉強したようで、１８７３年に帰国したが、官職には就かなかった。最後の木藤は、アメリカ生活に適応できなかったようで、１８６７年に異国の地アメリカで自殺している。

2. アミニアからブロクトンへ

長沢、森、畠山、松村、鮫島、吉田の6人は、ボストンに到着すると鉄道で1876年9月初めにアミニアに着いたようだ。この時期は南北戦争が1865年に終わったところで、当時の写真すらあまり多くは見られない時期であるが、アメリカがやっと自立の道を歩み始めた時期、つまりこれからアメリカを世界一の資本主義国に押し上げていく本格的な産業革命が始まろうとしている時期でもあった。ニューヨーク州はとても広い州で北はカナダ国境に接しており、大都会であるニューヨーク市マンハッタンから橋を渡って西へ出るとすぐにそこは大自然の中となるようなところである。ア

アミニアのハリス農場跡

アミニアの廃線となった線路と踏み切り

ミニアもまたそのような環境の中にある。

　仁礼の日記によると、長沢を含む薩摩藩英国留学生の6人がボストンに着いたのは、1867年8月13日だったという。一息つくとすぐに、鮫島が代表として仁礼をはじめとする薩摩藩米国留学生のところに連絡しに行ったそうだ。9月初めにアミニアに着いてまもなくいい土地が見つかったということで、アミニアにいた人々は全員がニューヨーク州西端に位置するエリー湖畔のブロクトンに新設されたコロニーに移転した。10月末か11月の初めころから移住は始まり、12月末には留学生の6人も含めてすべて完了した。

　ブロクトンもまた片田舎の町であるが、ハリスは、アミニアの土地を売り払ってここに約2000エーカーという広大な土地を購入した。彼はここを新生兄弟社の本拠としたが、この土地は肥沃で、ブドウ栽培に適した農業地域だった。ハリスには経営の才能もあったようで、彼はここで、ワイン製造のほか、レストラン経営なども行い、銀行を設立して頭取にもなった。兄弟社のメンバーはホテルや雑貨店も経営したそうだ。

3. ワインとの出会いと留学生の分裂

「畠山ノート」によると、ブロクトンに学校を作る話があったそうで、留学生たちには一定の期待もあったと思われる。そして、前述したように、1867年の9月下旬以降、薩摩藩米国留学生6人が英国留学生たちに合流し、特に江夏、仁礼、湯地の3人はしばらく新生兄弟社にとどまっていた。したがって、ブロクトンの新生兄弟社には一時12~13人の薩摩藩学生がいたと思われる。「学校」も始まったようだが、学生たちとハリスの思想的な対立があっ

ブロクトンのレストラン

ブロクトンのホテル

ブロクトンの銀行

て、やがて解散することとなっていくのである。

ところで、長沢鼎にとっては、ブロクトンはまさに学校として機能した。どういうことかというと、エリー湖畔のブロクトンにはブドウ園があったのだ。彼が「ブドウ王」になっていくことを考えると、この時期にライフワークが決まったといってもよい。新生兄弟社には、農業のエキスパートであるジョナサン・レイとワインのエキスパートであるJ・W・ハイド博士がいて、ワイン製造用のブドウを栽培しており、かなりの量のワインが生産され販売されていたようだ。そして長沢は、他のメンバーとともにしばしば農作業に携わった。彼は牛の世話などもしたが、こうした仕事にやりがいを感じ、特にブドウ栽培に関心を持ったと思われる。

考えてみると、学者の家柄に生まれ育った長沢が、ブドウという果物からワインという酒を作り出すというプロセスに強い関心を持つことはごく自然なことであった

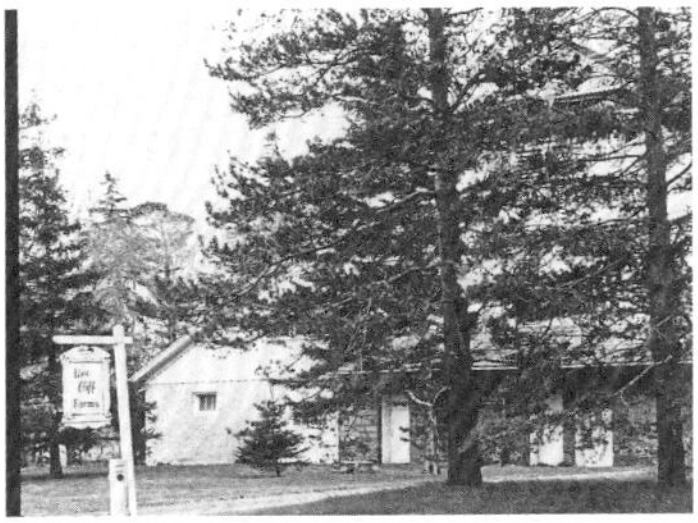

ヴァイン・クリフ

ブロクトンのヴァイン・クリフ〔「ブドウの崖」〕のハリス邸
（新生兄弟社の本部でもあり、長沢も住んでいた）

ろう。もし藩に命じられて学ぶはずだった「造船」と実際に関わるようなことがあったならば、有能な造船技師になっていた可能性は高かったと思われるが、彼は運命的にワイン製造と出会ってしまったのである。

ハリスは薩摩藩英国留学生たちの向学心に打たれてアメリカに連れてきたが、彼らの敬愛の気持ちとひたむきさに触れて新生兄弟社の思想を世界に、特に日本に宣教するのに力になるだろうと期待した。長沢は年少だったので、ハリスを強く尊敬するようになったが、他の学生たちの考えとハリスの考えの矛盾がやがて表面化することになる。つまり、留学生たちは原則として藩から命じられた勉強を続けたかったので、ハリスのコミューンでの厳しい労働に従事したわけだが、ハリスの考えでは労働そのものが聖務であるから、勉強は世俗的な欲求ということになってしまうのだ。この点をめぐっては学生たちの間でも議論が交わされたようだ。

そうした中でこうした議論を象徴するような決定的な事件が起こった。それは、鷲津尺魔の『長沢鼎翁伝』の中で「梁山伯員の論争」と題して紹介されているものである。ある日、客人も含めた複数による議論の中で、「若し日米戦わば何れに加担する乎」つまり「もし日本とアメリカが戦ったら、自分たちはどちらにつけばよいか」という論議になったのだ。これを問われたハリスは、日米に戦争は起こらないと確信するとしながらも「然し若しありとすれば我らは神の為に戦うべきである。…米国も日本も区別がない。唯神の命ずるところにより正義の為に戦うべきである」と答えたのである。

ハリスはこう答えるしかなかったのかもしれないが、学生たちは薩摩藩のためにひいては祖国日本のためにここに来ているはずであったから、不満を募らせた。そのためすぐに畠山、松村、吉田など多くの日本人がブロクトンをあとにした。ただ、この時には森、鮫島、長沢はとどまった。1868年の5月のことだった。そしてこの直後ハリスは、森と鮫島に帰国を勧め、二人は6月初旬にブロクトンを発ってニューヨーク、パナマ経由で帰国した。この時をもってついに薩摩藩英国留学生はグループとしては消滅したわけで、長沢は19人のメンバーの中でただ一人異国に残り、残りの人生を自力で生きていくことになったのだ。

新生兄弟社を去った畠山、松村、吉田の3人は、ニュージャージー州のニューブランズウィックに向かい、1868年9月にこの地にあるラトガス大学に入学する。1869年に松村はアナポリス海軍兵学校に入学し、その後吉田はウィルブラム大学に入学した。畠山は、1870年までラトガスで学んだあと1871年の春に新政府より帰国を命じられて、10月28日にアメリカを離れてヨーロッパ経由で帰国の途に就いたが、パリで岩倉全権大使の要請があってアメリカに引き返して岩倉使節団に加わった。使節団とともにアメリカを発ってヨーロッパ視察のあと横浜に着いたのは1873年9月のことだった。

松村は長沢と並んで生涯変名を使用した留学生だが、その忠義心を裏付けるのが彼のアナポリス行きである。なぜなら藩から松村に課せられた専攻科目は「海軍」だったからだ。彼は1869年3月にアナポリス海軍兵学校に入学し1873年5月に卒業したあとに帰国して、すぐに海軍入りした。吉田は、1870年までラトガス大学で学んだあとはさらに銀行や保険などについて学んで、その後1871年に帰国して大蔵省に入った。なお、長沢と松村以外の4人は、クリスチャンになったり、キリスト教に強い影響を受けたりしている。

さて、一人になった長沢は、ハリスのもとを離れることなく農業労働と勉強に全力を尽くした。それは彼が1871年の1月1日から4月23日まで書きつづっていた日記（現物はいちき串木野市の薩摩藩英国留学生記念館にある）を見ればわかることである。なぜハリスのもとを去らなかったかということについては、いくつかの理由が考えられるだろう。まず、16歳の長沢にとっては自分の身の振り方を考えるにはやや若すぎるということがあったかもしれない。しかしそれ以上に大きかったのは、ハリスへの尊敬心と思慕であろう。

長沢はハリスが偉大な人物であると確信し、その言うことをすべて聞き、理解しようとした。しかし、また別の機会にくわしく触れることになろうが、長沢はクリスチャンにはなっていない。ハリスの説く道徳には影響を受けたが（それは彼の結婚観にも関わっている）、それはあくまでもハリスへの強い敬意と父親にも重なる思慕であったと思われる。このことは日記の中でどれだけハリスの健康や精神状態のことを心配し心を痛めていたかを見れば、理解できよう。

4．長沢のアメリカ永住宣言

他の留学生たちが去った後も畠山や湯地（薩摩藩米国留学生のひとり）とは交流があっ

たようだ。そして、どうやら松村、吉田、畠山が策を弄したためのようだが、1870年10月に博物学の専攻学生としてニューヨーク州イサカにあるコーネル大学に入学した。

しかし、長沢がやはり母親に抱くような思慕を寄せていて彼の世話をしたり相談役になったりしていた新生兄弟社のダビーおばさん（ジェーン・ウェアリング。のちにハリスの妻となる人物）の影響や助言があって、約3か月で、1871年1月に退学している。大学での勉強は世俗的なものという結論である。

コーネル大学

このころの長沢の苦悩は深かったであろう。彼が当時使っていた雑記用ノート（現物はやはり記念館にある）を見れば想像できる。そこには「プリズン（監獄）、プリズン、…」と数限りなく一面に書かれているのである。それは当然といえば当然で、同じ薩摩藩英国留学生たちとのきずなと恩人でもあるハリスやその周りの人々とのつながりとの間で苦しみ、尊敬するハリスの信奉するキリスト教的思想と薩摩藩士として教え込まれてきた（神道や仏教ともかかわりの強い）武士道精神の間で苦しんだのである。

そして、長沢の生涯で最も大きな転機ともいえる事件が彼に訪れる。それは兄と慕っていた森との再会とアメリカ永住の宣言である。１８６８年に帰国後活発に行動していた森は、１８７０年11月にはアメリカ公使となり12月にはアメリカへ向けて出航し、１８７１年２月16日にサンフランシスコに到着した。彼が到着したとの知らせは２月24日に長沢のもとに届いている。ちなみに、この訪米時に森は24歳の仙台藩士新井奥邃（常之進）を伴って来ており、この新井は新生兄弟社に加入し、長沢とはカリフォルニアまで運命を共にすることになるのである。

長沢は、ハリスの許可を得て４月にワシントンに行き、公使として赴任していた森に会っている。長沢の日記の最後のページのすぐあとに彼が森に向けて書いた手紙の下書きがあるのだが、これは、森と会った時期と相前後している。筆者は、森と会った直後の手紙ではないかと考えている。それはともかく、この会談の中で森は、１年間の公務を終えて帰国する際に長沢を連れて帰る意向を長沢に示した。しかし長沢は「来年のことを言うと鬼が笑う。今すぐ帰れないなら、一生米国で暮らす」と言った。このため意見の一致を見ないまま長沢はブロクトンに戻ったのだ。

明治30年7月9日付の鹿児島新聞のインタビューや鷲津尺魔の『長沢鼎翁伝』によれば、この会談の折、帰国話は長沢の方が持ち出したことになっており、門田明先生は、長沢が迷っていて「日本に帰るか、アメリカに留るか、選択の決断を森の一言に賭けたのではなかろうか」と述べている。森が「来年」と言ったのは、まだ混乱の中にある祖国日本の状況を考慮した結果長沢に配慮してのことだろう。いずれにせよ、この会談が長沢に永住の決断をさせたことは確かであるが、彼は話の流れから思わず永住を口走ってしまったのではなかろうかとも思われるのである。「武士に二言なし」と言われる通り、長沢は、言ってしまった以上はあとへは引けなくなった可能性があるだろう。よく問題とされる「長沢はなぜ他の学生のように帰国しなかったのか?」という問いへの重要な答えの一つがここにある。

上記でも触れたように、この頃長沢は森に手紙を書いていて、その下書きが日記の最後に残っているが、この決断の直後の手紙ではないかと筆者は考えている。また、のちに詳しく述べるが、この手紙によれば長沢は祖国のことを心配し、自分もいつかは飛び出して実力を発揮するつもりだ、というようなことを書いている。森に対して、帰国も含めて今後の自分がこのままでいるつもりはないということをほのめかしているように思われる文面となっている。

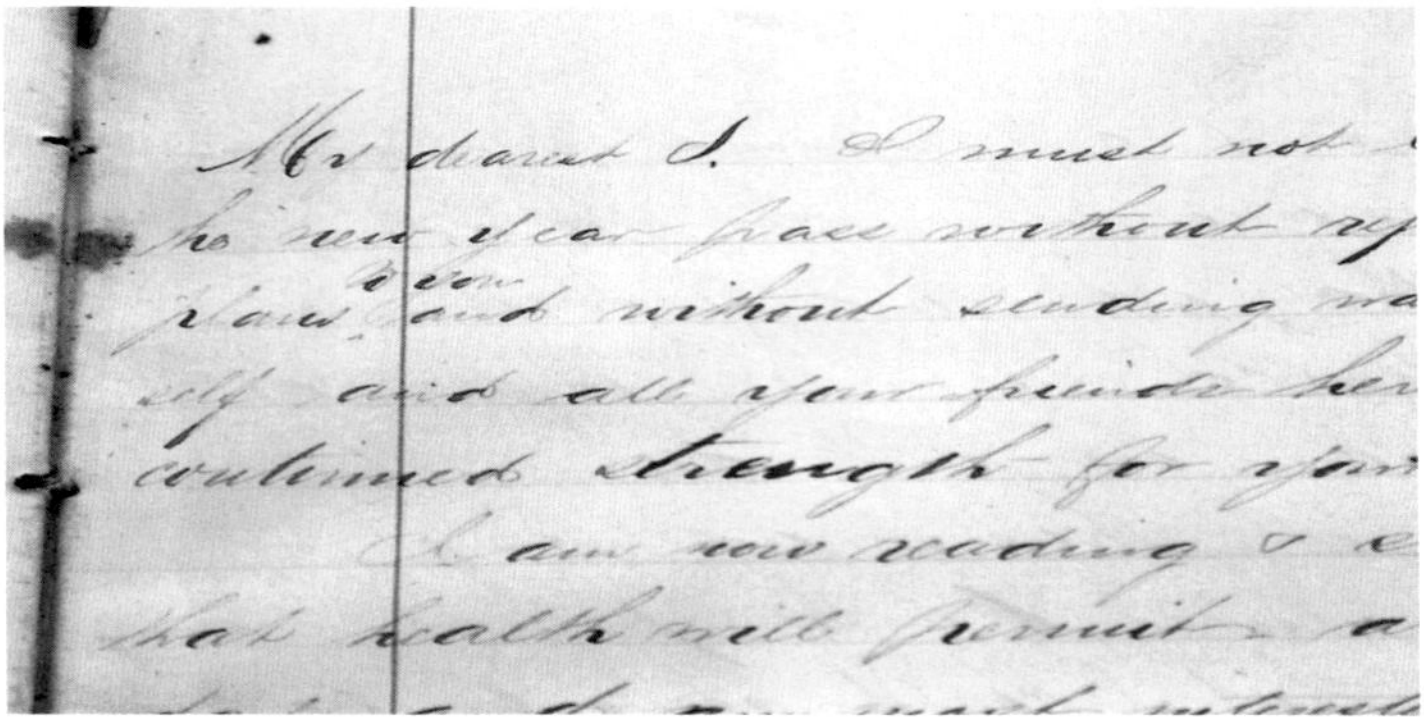
My dearest S. I must not
the new year pass without
place and without sending
self and all your friends here
continued strength for your
I am now reading &
that health will permit

森宛ての手紙の下書き（薩摩藩英国留学生記念館保管）

吉田は一足先に帰国していたが、１８７３年に森が帰国しており、畠山も松村も同時期に帰国している。門田明先生は「この時が、サツマ・スチューデント計画の終結であった」と言っている。なお、同年12月には財政上の理由などで官費留学生全員の帰国が命じられ、ヨーロッパとアメリカにいた学生の多くが帰国したようだ。

ところで、長沢は、森に永住を宣言したころに普仏戦争（１８７０年7月〜１８７1年5月）の視察のためにハリスとともにヨーロッパに出かけている。数か月を過ごしたあと秋にアメリカに帰国したようだ。これにより、長沢がイギリスやアメリカ以外の欧米の国も訪問していたことがわかる。

もうひとつ長沢をめぐる興味深い話がこのこ

ろ生まれている。それは長沢をめぐる唯一の恋愛話である。１８７２年1月15日にいわゆる岩倉使節団がサンフランシスコに到着したが、このころに森が長沢を使節一行に引き合わせ、その折に使節団に同行していた日本初の女子留学生のひとり山川捨松に出会い、長沢が彼女に好意を持った、というのである。しかしどうやらこれは事実ではないようで、鷲津尺魔の質問に対して長沢はこれを否定している。当時の彼はなかなかのよかにせであるので、そんな噂が立ったのかもしれない。

長沢は生涯独身を通したので、この時にうまくいかなかったことがトラウマになったかのような説もあるようだが、おそらくそういうことはなかったであろう。

20歳代の長沢

5. カリフォルニアへ

長沢が森にアメリカ永住を宣言したのが１８７１年、19歳の時であったが、彼はこの後23歳になるまで、つまり１８７５年まで、４年間一生懸命ハリスに尽くし労働に励んだのであった。そしてこの年（１８７５）に長沢の人生をさらに大きく左右し、彼にとって最後であり最上でもある土地を提供する事件が起こるのである。

実は、1860年代から1870年代にかけては、カリフォルニア州でワイン産業が急速に成長しつつあったのである。このことは全米に知られており、ブロクトンでブドウ園の経営にあたっていた人々も当然のことながらこれを読んだり聞いたりしていたわけだ。また、おりしも1869年には大陸横断鉄道が開通し、西部への現実的な移動が可能となっていた。

カリフォルニアは全米でも珍しく地中海性気候で、フランスのように温暖な気候であった。一年中雪は降らず、雨もめったに降らない。乾燥がかなり強いが、気温が極端に低いことも高いこともなく、日差しが強い。北カリフォルニアの土地はあまり肥沃ではないが、フルーツの栽培には適しているようで、ブドウ栽培にはうってつけの土地柄である。一方ニューヨークは冬の寒さも厳しく、天候の良い日もあまり多くない。そこでハリスは次第に、品質の良いブドウが育つようなもっと条件のよいところはないかと検討し始めた。

さらに、ローレンス・オリファントとの関係が悪化しつつあった。金銭上のトラブルもあってハリスは、ブロクトンに嫌気を感じたとも思われる。このころ長沢は、一人前のワインメーカーになったと自負していたので、ハリスが１８７５年初頭に、ブロクトンを離れカリフォルニアに新生兄弟社の新しい本拠を建設するという決定を下した時には、これを自身のチャンスととらえ、今まで学んだことが活かせる、自分の実力を発揮できると考えた。

そして１８７５年の2月中旬に、ハリスは信頼できて兄弟社に尽くしてくれると考えられるメンバーだけを慎重に選んだうえで、ミセス・リーカとその11歳の息子、長沢、新井と自分の５人だけでカリフォルニアへ向けて出発した。カーソン・シティーを経由してオークランドに着いた彼らは、サンフランシスコのコスモポリタンホテルに数日滞在したが、そのあと速やかにノースウエスタン・パシフィック鉄道で北カリフォルニアへと向かった。

長沢鼎のバロン・ナガサワ、ブドウ王への道
―ワイナリー経営者、研究者として

1．ワイナリーの完成まで

1875年早春にカリフォルニアに到着した長沢鼎とトマス・レイク・ハリスの一行は、まず北カリフォルニアのヒールバーグ（最終定着地サンタローザの北にある）にあったのだが、最終的にサンタローザの北東に広がるなだらかで美しい丘の一帯が気に入って、当時まだ草地であった400エーカーを購入した。長沢はこの時まだ23歳という若さであった。彼はこれからこの地に60年住み、ここに眠ることになるのである。

サンタローザ市は現在人口20万人ほどの北カリフォルニアにおける中核都市であり、治安もよく気候も穏やかな住みやすい町である。サンフランシスコから車で1時間強の位置にある。一年中温暖で雪は降らず、雨も1年間に数度しか降らない。メキシコ人も多いが、比較的白人の多い割合豊かな中産階級の町であり、ハリスがファウンテングローブと名付けたサンタローザのダウンタウンから北東に車で10分ほどのところにあるこの丘は、現在では高級住宅地になっている。つまりそれほど条件の良い場所だったということがわかるわけで、ハリスの選択は正しかったのである。

同年7月に初めての建設が始まった。まずハリスの望んだ大邸宅が建造された。母屋に続いて家族棟や管理棟の建設も予定され順次建設された。ファウンテングローブ・ランチの始まりである。このランチ（農場）はその後土地が買い足されて、最大で1850エーカー、周囲20キロという広さであったと言われている。また最盛期には使用人300人以上、資産は約2000万ドルという大きな農園に育っていくのである。

カリフォルニア州ソノマ郡のブドウ畑

母屋は11月に完成した。まさに大邸宅で、地元でも今までにはなかったほどだった。8000点の書籍を収納できる書斎があり実際に膨大な蔵書を誇った。100人の来客をもてなせる食堂があった。長沢はブドウの木の植え付けを始めたかったが、3棟の建物の周囲の造園をまかされ、この地はまさに「ファウンテン（泉）」が多かったからこれらに手を加え、花々が必要とされたので温室を造ったりした。

ファウンテングローブのすべての建物が完成したのは1890年のことだったが、そ

ファウンテングローブ・ワイナリーの管理棟

ファウンテングローブ・ワイナリーの家族棟

の10年ほど前の1879年にようやくワイナリー（ワイン醸造所）の建設とブドウの植え付けが始められた。この前に長沢は庭園や小麦畑を造り、牛や馬が多数購入されると牛乳を販売する責任者となった。1882年には65頭ほどの馬がいたそうである。このように長沢はファウンテングローブにおいてもっぱら農業部門、とりわけワイナリーの仕事をハリスから指示されていたわけで、ハリスの宗教上の仕事をもっぱら手伝っていた新井とは大きく異なっていた。新井はハリスの出版物を扱う新生兄弟社の印刷担当であった。このことが長沢をキリスト教から遠ざけていたし、新井をクリスチャンにし帰国後に布教活動をするまでにさせたのである。

さて、長沢のブドウの木の植え付けだが、ワイン産業の草創期であったこの当時には、カリフォルニアではブドーノコブムシの害がブドウの木に広がり、サンタローザにも迫っていた。長沢としてはブドウの木の植え付け

ファウンテングローブ・ワイナリーの母屋（西側）

ファウンテングローブ・ワイナリーの母屋（東側）

ファウンテングローブ・ワイナリーのワイン醸造所

30歳ころの長沢

に迷うところもあったが、１８７８年から翌年にかけていよいよ決心したようだ。中国人やイタリア人の労働者が大勢雇われ、まず４００エーカーのブドウを植えることになった。そして、ボルドーをはじめとするフランスの輸入苗を中心に、国産の苗も含む多数のブドウの苗が取り寄せられた。

書斎でくつろぐ長沢（35歳くらい）

40歳前後の長沢

１８８２年には、４番目の建物としていよいよ三階建ての立派で最新式のワイン醸造所が完成した。長沢が30歳の時である。ワイン製造にとって最も重要な建物だ。60万ガロン（約２２７０キロリットル）の貯蔵能力があり、タンクが11基、大樽が14基設置されていた。

ところで、農園のいろいろな建物の中には、大きな納屋が二つあったという。そのうちの一つが２０１７年10月にカリフォルニアで50年ぶりといわれる大火で焼け落ちた赤

最近のラウンドバーンの写真（2008 年）

建設当時のラウンドバーンの写真

ラウンドバーンの内部

白い窓の位置が人間の頭の高さ。上の写真と比べると納屋の大きさがわかる。

いラウンドバーンである。これは当時最新式の巨大な厩で、農園の60頭に上る馬を飼うためのものであった。鷲津尺魔によれば「彼は特に馬疋の改良に意を注ぎ、1895年（明治二十八年）頃から優良の種馬をアフリカおよびヨーロッパから移入した」というから、馬にも相当力が入っていたようだ。

ラウンドバーンは、1900年ころに建てられ、いったん火災に見舞われたが、1911年に再建された。その大きさは一連の写真を見ればわかる。

2．ファウンテングローブ・ワイナリーの発展とワイン販売の伸張

ワイン醸造所が完成した1882年に、レイ・クラーク商会という会社が設立された。この会社の社員はすべて新生兄弟社のメンバーで構成され、ファウンテングローブ・ワインはこの会社によって生産されることになった。（ジョナサン・A）レイと（レイ・P）クラーク、そして長沢が会社の中心を担ったが、実務の最終責任は長沢以外の2人が負っており、農学の専門家だったレイがニューヨークのビージーストリートにあった事務所の所長であった。長沢は、科学者の才能は持っていたものの、武士道精神のゆえにお金にはほとんど興味がなかったので、他の2人の存在はありがたかった。

1892年に「ファウンテングローブ」銘柄のワインの独占販売権を確立してこの会社がファウンテングローブ・ワインをすべて出荷することになった。販売は同じニューヨークのブラウネル商会が担当し、ヨーロッパ向けのファウンテングローブ・ワインは輸出販売業者を通して販売された。ここで注目すべきは、初めて英国に輸入され商業ベースで販売されたカリフォルニア・ワインはファウンテングローブ・ワインだったということだ。また、鷲津尺魔によれば、1892年にはフランスにも輸出されていたそ

ニューヨークのビージーストリートにあったレイ・クラーク社の事務所

うである。品質がヨーロッパで通用するレベルになければ輸出など考えられないはずだから、それが認められ初めてヨーロッパに輸出されたカリフォルニア・ワインはファウンテングローブ・ワインだったということになろう。

サンフランシスコ港から輸出されたファウンテングローブ・ワインは、東京、横浜、神戸で売られたが、明治屋などでも販売されたらしい。現在カリフォルニア・ワインの品質は本家のフランス・ワインに負けていないどころか、いわゆる「パリスの審判」を見てもわかるように本家をしのぐほどになっているが、長沢たちが輸出を始めた当時にもすでにフランス・ワインに追いつきつつあったのだ。

ファウンテングローブ・ワイナリーの絵葉書

絵葉書の裏面

ファウンテングローブ・ワイナリーのワイン（リースリング）のラベル

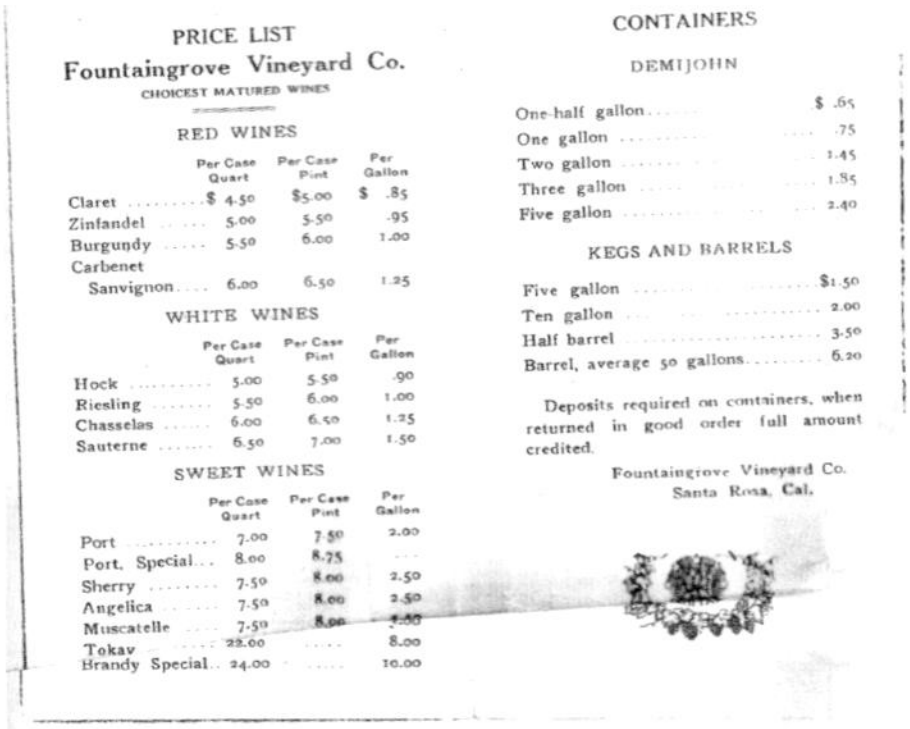

PRICE LIST

Fountaingrove Vineyard Co.

CHOICEST MATURED WINES

RED WINES

	Per Case Quart	Per Case Pint	Per Gallon
Claret	$ 4.50	$5.00	$ .85
Zinfandel	5.00	5.50	.95
Burgundy	5.50	6.00	1.00
Carbenet Sanvignon	6.00	6.50	1.25

WHITE WINES

	Per Case Quart	Per Case Pint	Per Gallon
Hock	5.00	5.50	.90
Riesling	5.50	6.00	1.00
Chasselas	6.00	6.50	1.25
Sauterne	6.50	7.00	1.50

SWEET WINES

	Per Case Quart	Per Case Pint	Per Gallon
Port	7.00	7.50	2.00
Port, Special	8.00	8.75	....
Sherry	7.50	8.00	2.50
Angelica	7.50	8.00	2.50
Muscatelle	7.50	8.00	[illegible]
Tokay	22.00	....	8.00
Brandy Special	24.00	....	10.00

CONTAINERS

DEMIJOHN

One-half gallon	$ .65
One gallon	.75
Two gallon	1.45
Three gallon	1.85
Five gallon	2.40

KEGS AND BARRELS

Five gallon	$1.50
Ten gallon	2.00
Half barrel	3.50
Barrel, average 50 gallons	6.20

Deposits required on containers, when returned in good order full amount credited.

Fountaingrove Vineyard Co.
Santa Rosa, Cal.

ファウンテングローブ・ワイナリーの価格表

レイ・クラーク社の販売利益はファウンテングローブ・ランチの維持のために利用された。経営強化のため1892年の初めにフリーマンがマネージャー、ハートが経理担当になったが、翌年にレイが急死した。

3．「バロン・ナガサワ」「ブドウ王」へ

醸造所が拡大し成功していくことは、長沢にとって経営者としての実務も増えることを意味したが、一方で彼は実験や読書に励んだ。新しい農業技術やワイン製造法を学び修得するためである。いよいよ長沢の科学者としての才能が開花し始めたのだ。

実は長沢がサンタローザに入る2年前に、世界的に有名な植物学者のルーサー・バーバンクがこの地に住み始めていた。二人は早い時期に知り合いとなり、お互いに農業に関心を持つ学者という共通点があったので、すぐに親しくなりついには生涯の親友となって、協力して研究をするようになった。

長沢72歳の時（1924年）に書かれた『長沢鼎翁伝』の中で鷲津尺魔は「彼れが二十三歳の時、サンタローザに移ってから最も意を用いたのは云う迄もなく葡萄栽培と醸造業とであった。彼れは世界各国より新種の葡萄を取寄せて自園に植付けた。而して自らも諸種の改良法を考案した」と述べている。これはまさに研究者の態度である。

ワイナリーが大きくなると同時に新生兄弟社のメンバーも増えていき、日本人や中国人やイタリア人の労働者も多くなっていった。

左の写真は長沢がブドウ園を見回っている写真だが、その服装に注目したい。なんと、スーツを着ているのである。さらにはシルクハットさえかぶっているのである。およそブドウ園を見回る時にする服装ではない。おそらくそんな格好で見回る経営者は今も昔もいないであろう。汚れ仕事であるから、ジーンズのようなラフな格好の方が現実的であるに違いない。実は、写真に写っている長沢はほとんどがスーツ姿で、蝶ネクタイを含め必ずネクタイをしていて、胸ポケットにハンカチが入っていることもある。この写真に

温室で植物の生育を見守る長沢（40歳くらい）

写っている長沢の姿こそが、彼が「ブドウ王」と呼ばれる所以なのである。

ところでここで長沢のニックネーム、愛称について考えてみよう。現在長沢が「ブドウ王（Grape King）」とか「ワイン王（Wine King）」と呼ばれていることは確かだ。しかし、筆者が30年以上前に長沢にかかわりあって以来、「ブドウ王（Grape King）」と呼ばれるのが常であった。「ワイン王」と呼ばれるようになったのは比較的最近のように感

ファウンテングローブ・ランチと労働者たち

ブドウ園を見回る長沢

じている。では、彼の呼ばれ方はそもそもどうだったのか、そしてどう変わってきたのか？

門田明先生はこの点をめぐって、１８９７年に第1回目の帰国を果たした長沢を「郷里で『葡萄王』として知られる人物」と書いており、「生れ故郷の日本で『葡萄王』と呼ばれることは、彼にとっても嬉しいことであり、気持ちよく呼ばれるにまかせたのである」と述べている。しかし一方で門田先生によれば、カリフォルニアでは、長沢はしばしば「プリンス・ナガサワ（長沢公）」とか「バロン・ナガサワ（長沢男爵）」とか呼ばれていたともいう。

鷲津尺魔によれば、長沢のワイナリー経営は、「ファウンテングローブ附近一帯にかけてのパイオニアとして、葡萄栽培家として加州の歴史に閑却すべからざる功績を残している」わけで、カリフォルニア・ワインの草創期における功労者として現在でも尊敬されていることを考えると、長沢が鹿児島から呼び寄せて晩年を一緒に過ごした伊地知共喜の娘で現在もご健在のエイミー・モリ・イジチさんは聞いたことがないと言ってはいるものの、彼が「プリンス」とか「バロン」とか呼ばれたことは首肯できる。

なお、前述したように、筆者が長沢に関わるようになった34年ほど前には日本では「ブドウ王」という言い方しかしていなかったと記憶している。「ワイン王」という言い方は比較的新しい（おそらくこの10年くらい）のである。このような経緯から考えると、長沢の生前には、現地では「プリンス・ナガサワ」や「バロン・ナガサワ」と呼ばれていたものと思われる。同時に、１８９７年45歳の時に第1回目の帰国を果たして以降は、日本では「ブドウ王」と呼ばれるようになったのではないか。考えてみると日本人は「金融王」とか「三冠王」とか「王」を付けて呼ぶのが好きな国民である。

そして長沢の死の前後から、日本での呼び方がカリフォルニアでも使われるようになり、我々鹿児島サンタローザ友好協会が設立された34年ほど前からは、それが日本では「ブドウ王」として、アメリカでは *Grape King* として定着していったのではないか。同時に、長沢がワインの醸造家として有名だったという事実にかんがみて「ワイン王（Wine King）」という実態に近い呼び方も生まれ、日米で定着していったと考えられる。

ブドウ王、バロン・ナガサワとしての発展
―長沢鼎の結婚観と交友関係

1．ワイナリーの成長と長沢の結婚観

ファウンテングローブ・ワイナリーは順調に大きくなり、そこに住む人々も増えていった。新生兄弟社メンバーだけでも20人ほどになっていて、その中にはトマス・レイク・ハリス、ダビーおばさんことジェーン・L・ウェリング（Miss）、レイ・クラークとその妻と二人の娘と義妹などが含まれていた。女性が多いのが特徴の一つだった。

さらに、ロバート・モリス・ハートと妻メアリーが１８８７年に加わったが、この男は長沢に対して最も敵対することになる。また、長沢に親切だったダビーおばさんことジェーン・L・ウェリングがやってきたのは１８８５年で、ハリス夫人が亡くなった直後のことだった。そして、ハリスはしばらくするとジェーンと再婚する。

農園には新井がいたが、日本人でありながら長沢との友情は育たなかった。新井はハリスの信仰を支える印刷担当だったし、一方長沢は忙しくて話をする暇もなかった。第一、ハリスの信仰のことばかり考えている新井と武士道精神を堅持しつつブドウの生育とワイン醸造に打ち込んでいる長沢が話す話題もあまりなかっただろう。

真ん中の男性がハリス。その二人右がジェーン・ウェリング。そのほか、クラークの妻、二人の娘、義妹が映っている。

そんな長沢もとっくに30歳を超えていた。武士道精神と科学者精神で出来上がっている長沢をアメリカ人の仲間が理解するのはやさしいことではなかっただろう。その上、新井も親友にはなれないとすれば信じあえる相手を得ることはなかなかできなかったし、ましてや結婚など考える余裕などどこにもなかったに違いない。そんな中で可能なことがあったとすれば、親族を鹿児島から呼び寄せることだったかもしれない。

後年長沢は、伊地知家の人々に、自分は忙しすぎて結婚する暇もなかったというようなことを言っている。これはまんざら偽りではないだろう。長沢の様々な行動や人生行路を考え併せてみれば、その通りだったのかもしれないと思われるのである。

長沢はなぜ生涯結婚しなかったのか、と問われることは多いが、筆者はそのたびに、答えは単純ではないとまず答えることにしている。それは彼がなぜ完全に帰国することをしなかったのかという質問に対する答えと同じことである。では、長沢は結婚についてどう考え、どんな影響を受けていたのだろう。

くつろいでトランプをする長沢（30歳代前半）

長沢は独身主義者だったのか？門田先生はファウンテングローブ時代の長沢について「結婚生活に入りたいという考えは、彼の心から完全に一掃されていたようである」と述べており、ハリスの影響にも触れている。「主義」というほどの信念があったとは思えないが、様々な理由があって気がつけば結婚しないままになってしまった、というのが正しいように感じる。

門田先生は筆者に、その一つの理由として、周りに多くの女性がいたことを挙げていた。すでに述べたように教団には圧倒的に女性が多かったわけで、そのため女性に対する長沢の欲求とか志向性とかが希薄であったというのだ。ハリスの影響については、長沢は心からハリスを尊敬し敬愛して、彼に実父に対して持つ愛情にも似た感情を持っていた。しかし、その一方で宗教的にはハリスにどっぷり浸るような気持ちにはなれなかったと思われ、その影響は道徳的なものにとどまった。

ところで、長沢のキリスト教受容について論究した上坂昇氏の『カリフォルニアのワイン王　薩摩藩士・長沢鼎（かなえ）―宗教コロニーに一流ワイナリーを築いた男』は学者らしい追究とリサーチに基づく力作で非常に示唆に富んでいるが、結論としては「長沢は、宗教コロニーの指導者にはなりえなかった。本人もその気はなかっただろう」というものだった。筆者が長年考えてきたことが裏付けられた形で心強い。

40歳くらいの長沢

ハリスは、自身は二度も結婚しているわりには、信徒の男女関係に関する道徳には厳しく、特に結婚はそうやすやすとするものではないと説いていた。このことは、長沢の結婚観に強い影響を与えたと思われる。しかし、結婚を遠ざけた最大の原因はやはりまた彼の薩摩武士道の精神であろう。この点には門田先生も言及しているが、筆者なりに説明してみたい。

まず第一に、長沢には、自分がアメリカ女性と結婚するなどということは想像もできないことだっただろう。では、日本女性とだったらよさそうなものだが、当時のカリフォルニアには彼に見合った日本女性がいる可能性は極めて低かったはずだ。さらに、門田先生も触れているように、鹿児島城下の厳しい郷中教育を受けた身としては長沢は女性と一緒に歩いたり、軽々に女性に関心を持ったりすることには強い抵抗があったに違いない。母国日本ではすでに明治に入っていて、少しずつだが男女の関係は変化しつつあったが、長沢の頭の中は依然として武士の生きている時代のままであったから、たとえ近くにお似合いの女性がいたとしても彼の方から近づいていくのは至難の業であり、女性からしても、いつも威厳をくずさず口を真一文字に結んでいるような真面目一方の長沢は近づきにくい存在だっただろう。

そんな長沢らしいエピソードが一つ二つ残っている。まずは、以前にも触れた山川捨松とのラブロマンスである。これは全くの虚報だったのだが、長沢の友人の一人でもあった鷲津尺魔によれば、この件の真偽について長沢に尋ねた時に、彼はこれを強く否定し、その時の態度は、そういった浮いた話をすれば打ち掛からんばかりの印象であったと言っている。

また、1897年に32年ぶりに第一回目の帰国を果たした時に、長沢に親族がこの機会に結婚することを強く勧めたそうだが、彼はこれを断り親族は二度とその話をしなかったという。結局長沢にはそういうことを考える余裕がなかったし、彼の頭の中にあったのは、帰国して薩摩藩のために働くことのできない自分がどうやって薩摩藩士として藩や母国に恥じない人間になり、一定の成果を上げるかということだったのではなかろうか。

40歳代の長沢

2. 悲しい知らせと新たなる人的交流

こうした発展の中で、訃報が前後して届いた。1881年の10月に母フミが他界したのだ。長沢はついに母親に再会することはなかった。また、1889年2月には、薩摩藩英国留学生の同志で兄とも慕っていた森有礼が暗殺されてしまったのだ。森は長沢とともにアメリカに渡り、なにくれとなく長沢のことを気にかけてくれた人物である。長沢にとって、初代文部大臣にまで上り詰めた森有礼との別れは早すぎた。長沢はこの時37歳であった。

長沢はルーサー・バーバンク以外のサンタローザ市民と付き合うことはほとんどなかった。市民から見ても彼はとっつきにくい人間だったろう。外出時には常にスーツを着て帽子をかぶり、常に姿勢正しく堂々と歩くような武士然とした長沢は、近づきがたい威厳を放っていただろう。また、彼は自顕流的な俊敏さを示すこともあったそうだから、周りのアメリカ人と比べると小柄であったものの、「怖い」とさえ思われていたかもしれない。しかし、そうして周りと距離を置き薩摩武士としての威厳を保っていなければアメリカ人社会の中で孤軍奮闘して生き抜くことはできなかったという事情もあったのではないか。

そんな中でも長沢は新たな知人を獲得していくことができた。それはワイナリーが順調に推移し多少余裕ができたことにもよるのだろうが、彼の関心は少しずつ外へ広がっていった。まず、長沢はサンフランシスコの日本領事館の領事珍田捨巳と親しくなり、アメリカに日本人移民をより多く受け入れようと考えるようになった。これはファウンテングローブのすべての建物が完成した１８９０年ごろのことだったが、さらにサンフランシスコに駐在していた日本商社の社員とも交流し始めている。

長沢は珍田と協力していくつもの移民計画に関わった。長沢は１８９７年にもメキシコに日本人移民によって大農場を作ろうと計画したが、実現はしなかった。榎本武揚元外相が人口増加の解決策として海外移住を提唱しメキシコ南部に35人が入植したのがちょうどこの年で、今も現地には多くの子孫が暮らしているそうである。そういう流れに沿った、海外にいる自分も協力したいという長沢の計画であったのだろう。帰国しなかった者としてのせめてもの償いのようなものだったのかもしれない。また、彼は、中国人やイタリヤ人の労働者に加えて、１８９２年ごろから自分の農園に日本人の移民労働者を受け入れ始めた。これも同様の気持ちからだろう。

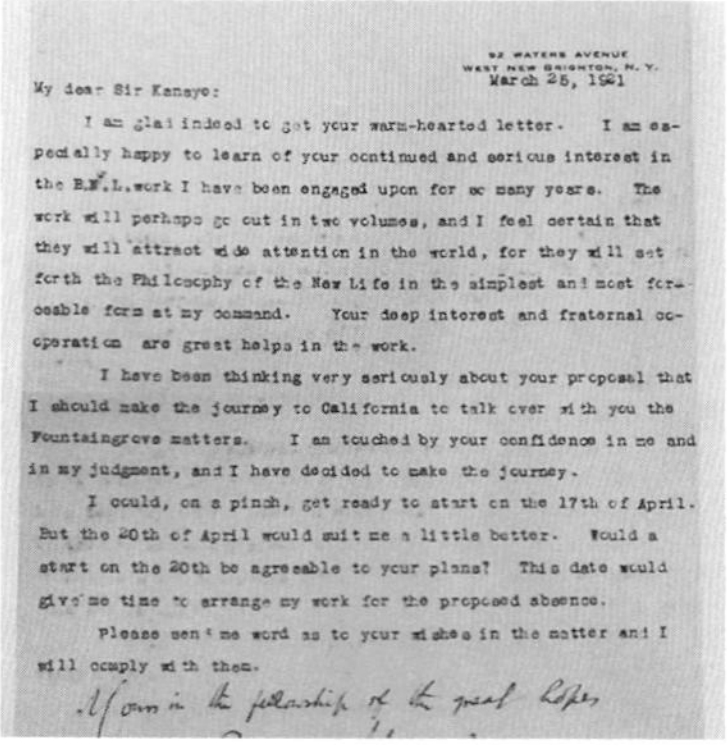

52 WAVERS AVENUE
WEST NEW BRIGHTON, N. Y.
March 25, 1921

My dear Sir Kanaye:

I am glad indeed to get your warm-hearted letter. I am especially happy to learn of your continued and serious interest in the B.N.L. work I have been engaged upon for so many years. The work will perhaps go out in two volumes, and I feel certain that they will attract wide attention in the world, for they will set forth the Philosophy of the New Life in the simplest and most forceable form at my command. Your deep interest and fraternal cooperation are great helps in the work.

I have been thinking very seriously about your proposal that I should make the journey to California to talk over with you the Fountaingrove matters. I am touched by your confidence in me and in my judgment, and I have decided to make the journey.

I could, on a pinch, get ready to start on the 17th of April. But the 20th of April would suit me a little better. Would a start on the 20th be agreeable to your plans? This date would give me time to arrange my work for the proposed absence.

Please send me word as to your wishes in the matter and I will comply with them.

長沢宛のマーカムの手紙

数少ない地元のアメリカ人の友人の中に二人の文学者がいたことは興味深い。そのうちの一人は詩人のエドウィン・マーカムである。有名な詩人のひとりであるマーカムは長沢と同い年で、新生兄弟社がサンタローザに定住したすぐあと（１８７５年の後半）に、ハリスの教えに惹かれてメンバーとなりしばらく農園で過ごした後、バーバンクと

ジャック・ロンドン

並んで長沢の一生の親友となったのである。彼は生涯長沢を訪ね手紙を送った。

実はこのマーカムにはカリフォルニア州ソノマ郡のサンタローザに隣接する町にもう一人の親友がいた。それは当時の世界的ベストセラー作家でグレン・エレンに住んでいたジャック・ロンドン（１８７６—１９１６）であった。『野性の呼び声』（１９０３）や『白い牙』（１９０６）で知られるロンドンは、１９０４年６月に日露戦争の従軍取材から帰国した後にグレン・エレンに移り住み、ソノマ山に広大な土地を購入して定住した。ロンドンは科学的農業に強い関心を待ち、翌１９０５年にはルーサー・バーバンクと知り合いになって様々なアドバイスを受け、１９１０年以降はバーバンクを訪ねて親しく交流している。マーカムもロンドン邸にしばしば滞在し、たびたび親しく手紙のやり取りなどをしている。

つまり、長沢とマーカムは親友同士であり、マーカムとロンドンも親友である。また、長沢とバーバンクは極めて親しい仲であり、バーバンクはロンドンの先生であり親しい友人であった。したがってこの３人は親しい間柄であったと思われ、次に掲げる２枚の

左からバーバンク、長沢、マーカム

真ん中がバーバンク、その右がロンドン

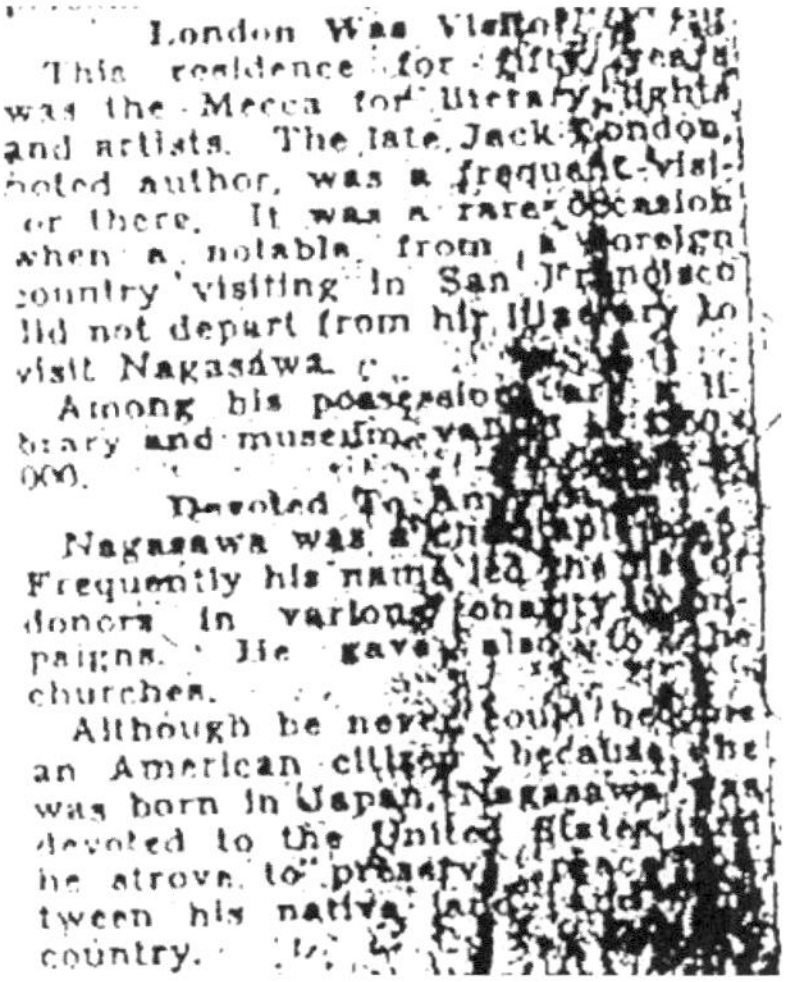

London Was Visited [illegible]

This residence for fifty years was the Mecca for literary lights and artists. The late Jack London, noted author, was a frequent visitor there. It was a rare occasion when a notable from a foreign country visiting in San Francisco did not depart from his [illegible] visit Nagasawa. [illegible]

Among his possessions [illegible] library and museum [illegible] 000.

Devoted To Am[illegible]

Nagasawa was a [illegible] Frequently his name led the [illegible] donors in various charity [illegible] paigns. He gave also [illegible] churches.

Although he never could become an American citizen because he was born in Japan, Nagasawa was devoted to the United States [illegible] he strove to preserve [illegible] tween his native land [illegible] country.

ロンドンとの交友に触れた部分を拡大したもの

長沢の死亡記事（ロンドンがしばしば訪れたことが記されている）

JAPANESE EXPERT WHO WORKED WITH BURBANK IS DEAD

3/1/34

1934年3月1日付の長沢の死亡記事

写真はそのことを物語っている。

ロンドンと長沢の関係については、以下に示す長沢の死亡記事が明確に報じているほか、サンタローザの歴史家やソノマカウンティミュージアムの資料もその関係を指摘している。また、後に長沢の農場にやってくることになる甥の共喜（姉モリの二男）の長男幸介の妹で、長沢とともに過ごし現在でも90歳を超えてご健在のエイミーさんの話によると、長沢のパーティーの参加者名簿に確かにロンドンの名があったということである。二人とも頻繁にパーティーを開いたことがわかっており、同じ有名人でお互い農業者同士

40歳ころの長沢

でワインにも関わっているわけだから会っていないと考える方がおかしい。

ロンドンは日本の武士道に関心を持っており、すぐそばに侍の長沢がいたら、矢も楯もたまらず会いに行っただろうとさえ考えられるから、ロンドン側から見ても二人の交友は、たとえ深いものではなくとも、間違いなく存在しただろう。

3. シェバリエ事件と火事と再興

ファウンテングローブ・ワイナリーのすべての建物が完成した翌年に新生兄弟社を揺るがすような事件が起こったのだ。神秘主義者のアルザイア・シェバリエという女性が１８９１年にハリスのもとを訪れた。はじめはハリスに気高さを見た彼女だったが、その後個性的な彼の教えの中にいかがわしいものを感じ取って反発した。シェバリエはついに1892年の2月にサンフランシスコ・クロニクル紙上でハリスを攻撃した。クロニクル紙はこれまでも新生兄弟社を揶揄する記事を載せていたが、シェバリエの攻撃後はいっそう激しく兄弟社とハリスを非難する論評を連続して掲載した。

当然のことながら新生兄弟社のメンバーは苦悩し、ハリスの評判も傷つけられた。しかし彼女の激しい攻撃にもサンタローザ市民は賛同しなかった。兄弟社の市民としての評価がすでに定着していたからだった。とはいうものの、ハリスは繊細な人間ですでに歳もとっていたので、この騒ぎに堪えられず1892年の2月に農場を去り、ニューヨーク市に転居したのである。

その結果長沢はファウンテングローブ・ワイナリーの土地と醸造所の管理を任された。彼は40歳になっていた。ワイナリーの運営はファウンテングローブ葡萄酒会社の名前でなされたが、彼は事実上の雇われ社長となったわけだ。父親のように慕い人生や倫理面での師であったハリスがいなくなったことは長沢には大きな痛手であった。その穴を埋めるものは精神的には薩摩の武士道精神であったと考えられる。

ハリスが農園を去ったこの1892年に、ワインの醸造所が失火により火事になったが、半年後には再建された。ワイン製造もまもなく元の生産力を取り戻し、翌1893年には、ブドウの収穫が1・500トン、貯蔵されていて被害を免れたワインは50万ガロンに達した。1893年にサンタローザから、91・130ガロンのワインと3・060ガロンのブランデーが出荷されたが、この約90パーセントがファウンテングローブ・ワイナリーの製品であった。

長沢鼎のワイナリーの発展と帰国と家族の誕生

1．全米の10大ワイナリーの一つとなったファウンテングローブ・ワイナリー

１８９３年にサンタローザから出荷されるワインの９割がたがファウンテングローブ・ワイナリーの製品であったが、もともと１８８０年にはサンタローザで生産されるワインの量がカリフォルニアで生産されるワインの約９・１パーセントを占めていたことを考えると、実に、ファウンテングローブ・ワイナリーのワインはカリフォルニアで生産されていたワインの約８・２パーセントだった計算になる。このことは、いかに長沢が管理するワイナリーが大きく、高い生産力を誇っていたかを物語る。

「ファウンテングローブ」銘柄のワインを独占販売していたレイ・クラーク社（社員はすべて新生兄弟社のメンバー）の主力商品は赤ワインの「クラレット」であった。赤紫色の辛口ワインで、ボルドー系のブドウから作られ、同社が販売するワインの75パーセントを占めていた。ファウンテングローブの名で他に作られたワインには、「カベルネ」「バーガンディー」といった赤ワインや、「ゴールデン・チャセラス」「フラワー・オブ・ファウンテングローブ」といった白ワイン（辛口）、「マラガ」「トーケイ」「ポート」といった甘口ワイン（食後用）があり、ブランデーとしては、「ブラックベリー」「コニャッ

ク・グレープ」などもあった。

白ワインは当時のアメリカではあまり好まれなかったようだ。また、長沢はシャンペンにも挑戦したが、結局市場に出されることはなかった。そんな中で1892年にハリスがニューヨークに去り、ジョナサン・レイもニューヨークにいて、（ハリスと不仲になっていた）レイ・クラークが1900年の1月頃にハリスによって兄弟社を追放されると、ファウンテングローブ・ビンヤード・カンパニーと名を変えたワイナリーの経営の全責任は長沢が負うことになった。研究者であり企業家でもある長沢の誕生である。

このころから長沢はナパやソノマのほかのワイナリーを意識するようになり、自分のワインをコンテストに出品するようになる。1893年には、サンフランシスコ冬季フェアにおいて行われたカリフォルニア州ワイン・コンテストにおいて、832件という多くのカリフォルニアのワイナリーと戦って、堂々2位に輝いた。出品したのは、カベルネ・ソービニョン種の赤ワインであった。またのちに述べるが、2016年になって発見された長沢のブドウの木はカベルネ・ソービニョン種であった。

また、時をさかのぼるが、1887年に長沢は、カリフォルニア大学の農業試験場の委託を受けて、ワインの改良事業に協力している。上記の受賞と併せて考えると、いよいよもって彼の研究者としての面目躍如たる時代の到来であった。長沢は、ワインの製

本田幸介

造技術や新しい農業技術の研究のため長時間かけて実験や読書に傾倒していた。1895年には、牛や馬の育種実験も行った。この時協力したのが甥（長姉トキの二男）の本田幸介であった。本田は出世を果たし朝鮮の成観農場の場長となっており種畜に関心があった。長沢は、朝鮮の農場で本田が飼育していた馬の品種改良に役立てようと、彼がサンタローザに訪ねてきたときに自分が育種した特別で優秀な品種の牛や馬を多数譲り渡した。

1897年ごろ長沢は生糸の製造にも挑戦したが、こうした彼の勤勉さはハリスの考え方の影響とまじめな性格によると思われる。前述したように、結婚する暇もなく労働することが彼の性に合っていたのだろう。そして畑の状態を保つこまごました労働の中で、接ぎ木の作業を行い常に虫眼鏡を携行してその接点を調べていたという。ブドウ栽培に並々ならぬ執念を燃やしていたことがわかる。

ファウンテングローブ・ワイナリーはカリフォルニア州の（つまり全米の）10

大ワイナリーの一つになっていた。1889年段階で400エーカーのブドウ畑があり、州内でも最大級であった。

2．甥の伊地知共喜の加入と第1回目の帰国

長沢は依然として事実上一人で暮らしていたが、1896年にようやく家族ができることとなった。姉（長沢の父孫四郎の次女）モリの長男伊地知共喜が手紙をよこし長沢に協力したいと申し出て、いよいよファウンテングローブにやってきたのだった。共喜はその後カリフォルニアに永住することになり、ワイナリーのブランデー製造の責任者にもなった。

この年には長沢の両親はすでにこの世にはいなかったが、多数の親戚が鹿児島にいた。今も筆者は鹿児島市の数家族、そして東京の1家族と連絡が取れるし、カリフォルニアのナパにも赤星家の子孫が住んでいる。長沢の末弟の弥之助は赤星家の養子となり赤星弥之助となっていたが、彼の長男鉄馬は裕福な実業家として朝鮮で大きな牧場を経営していた。鉄馬には多数の兄弟姉妹がおり（10人を超える）、長沢の姉モリが1888年に新たに入籍した佐々木家の人々や、もちろん磯長本家の人々、つまり孫四郎の長男吉輔に連なる人々もいた。

1897 年の第 1 回目の帰国時の写真（牛込加賀町にて。上段真ん中に長沢。上段左から三人目が本田幸介）

長沢の長姉トキは野村家に入籍しているが、トキの二男が既出の本田幸介である。トキやモリと長沢の関係は良好だったようで、彼の帰国時にも一緒に写った親しげな写真が今も残っている。野村家の子孫の家（野崎家）には、長沢のサイン入りの写真カードや彼の祖父の書簡も残っているくらいである。

さて、長沢は共喜と長い話し合いをした後、実に32年ぶりの帰国を果たすことになった。１８９７年の7月、彼は共喜を伴ってサンフランシスコを出国した。長沢45歳の時であった。

二人が横浜港に着くと、「ブドウ王」が帰国したと言って、親戚たちが大騒ぎをして彼らを出迎えたが、長沢が日本語（鹿児島弁）をしゃべったことに驚いた。港で最初に長沢を迎えたのは実の末弟で赤星家の養子となっていた赤星弥之助だった。長沢はすぐに彼がわかったようで、「わや弥之助か（あなたは弥之助か）」と言ったそうである。薩摩藩士であることを忘れたことのない彼が日本語（鹿児島弁）を忘れるはずがないのである。なお、10月4日には鹿児島の万勝亭において歓迎会があった。

ところで、長沢は生前合計4回の帰国を果たしているが、興味深いのは4回とも彼は重要な「仕事」の目的を持って帰国している。ただ里帰りをするためだけに帰国するような暇な男ではなかったのである。また、それまで薩摩のために役に立てていない自分がそんな浮かれた気分で帰国できるとも思っていなかっただろう。1回目の帰国の目的は、実現はしなかったものの、すでに触れたメキシコへの日本人移民の移住計画のためである。国へ働きかけようとしたのかもしれない。10月7日付の鹿児島新聞には、取材を受けた時に「25万人移住の計画」について詳細な説明をしたことが掲載され、彼は計画実現へ旺盛な意欲を見せていた。長沢が妻帯するために帰国したと思った人も多かったが、前述したように、忙しくてそんな暇はないと断ったわけで、門田先生に言わせると「ある重要な経済的配慮が働いて」帰国したのであった。

こうして長沢の1897年後半の第1回帰国が終わり、彼は横浜港から帰米したが、この時期の前後に興味深い事件が二つ起きている。一つは新井の帰国である。彼は1899年8月1日に帰国しており、長沢とは対照的に、ハリスの強い影響を受けたキリスト者として生涯を布教にささげた。彼は足尾鉱毒事件にかかわって田中正造と行動を共にしたし、これもハリスの影響であろうか、一生独身であった。また、明治の末というから1900年代に入ってから、つまり50歳に達したころだろうか、長沢の武士道精神が全く失われていないことが証明されるエピソードが生まれた。

『郷土人系』によると、そのころ日本海軍の練習艦隊がサンフランシスコ港に寄港したことがあった。この時たまたま旧藩主島津家の当主島津忠重が士官候補生として乗り組んでいたのである。長沢はそれを耳にするとたまらず馬車で迎えに行き、ワイナリーに招いて家の門前で土下座して周囲の人々を驚かせたというのである。同書には「旧藩主への忘恩をわびたい…という思いはただ、その一念であった」とある。すでに藩主ではない忠重も明治維新を直接経験していない長沢にとってはいまだ忠義を尽くすべき「主君」であった。

3. 長沢らへのファウンテングローブの譲渡と彼の立ち位置

長沢はサンタローザに戻って何もなかったかのように仕事を再開したが、このころ親しく関係していたアメリカ人が三人いた。それは、長沢の顧問弁護士のウォレス・ウェアとウォレス・ウェア・ジュニアであり、長沢の代理人・財政顧問として重要な役割をしていたジョージ・F・キングだった。キングはサンタローザのグローサリーストア（日本のスーパーマーケット）の経営者だった。

ハリスもすでに77歳の高齢となり、1900年を迎えると、1月にレイ・クラークを追放した後、主な数人のメンバーを選択して自分の築いた業績を継承することを決心した。ハリス夫人のアドバイスもあり、ファウンテングローブ農場とワイナリー（醸造会社）を長沢を含むサンタローザの3人の新生兄弟社メンバーとニューヨークの2人のメンバーに譲渡したのだ。そのメンバーとは、サンタローザ側は長沢とユーザルディア・ニコラス嬢とマーガレット・イーディス・パーティング嬢、ニューヨーク側はロバート・ハートとメアリー・ハートであった。

この時の値段は4万ドルという安値だったが、ハリスの気持ちは遺産相続のようなものだったのだろう。48歳になっていた長沢はこのことの結果、経営の全責任を負うことになり、企業家として本格的に活躍することになる。彼は円熟し、洗練され、精力的であったし、自信を持ち孤高な印象を与えた。高い教育機関に学んだわけではないが、多分に知的で貴族を思わせるような品格があった。

長沢は伊地知共喜という家族を得て大いに力をもらい自信も深めたが、後に述べる二回目の帰国も彼に力を与え、自信を与えた。彼はこのころから外へと行動範囲を広げるようになり、ソノマ郡、ナパ郡にあるワイナリーのほとんどを訪問したし、旅行にも出かけるようになった。長沢は１９０９年に壊れるまでフランクリン型の乗用車に乗っていて、その後は１９１１年にビューイックを買い求め、最後までこれに乗っていたという。ワイン製造については、カリフォルニア州の各地のワイナリーを視察して回ったが、特にナパとアスティー地方でいろいろなことを学んだ。また、「ジャガイモ王」として知られたジョージ・シマ（牛島謹爾）とも親交があり、もう一人の農業経営における日本人成功者であるシマは、カリフォルニア州セントラル・バレーの自宅にたび

ハリス夫妻（1900年ころ）［真ん中がハリス、その左が夫人（ダビーおばさんことJ・L・ウェアリング）］

たび長沢を迎え入れた。

　そもそも長沢は、筆者の調べた限りにおいて日本人として初のアメリカ移民である。ジョセフ彦やジョン万次郎など彼より早くアメリカに渡った日本人がいることは間違いないが、移民というのは移住しそこで仕事をもって生活し永住するかそれに近い長期間住み続けることだとしたら、長沢以前に彼より長くアメリカに住み続け永住した人間は（少なくとも記録上は）他にはいないだろう。

　ジョン万次郎、本名中浜万次郎は、確かに長沢より10年以上早く１８４３年にアメリカに着いているが、ニューイングランドの学校で学んだあと長沢の生まれる１年前の１８５１年に帰国している。彼はアメリカに８年ほどしか住んでおらず、その後の日本での影響力については注目すべきではあるものの、アメリカ移民とは程遠い。

　さて、長沢の当時におけるアメリカやカリフォルニアにおける位置関係はどうなっていただろう。長沢がニューヨークに着いた１８６７年ころには、アメリカにいた日本人の総数は30人以下だったと思われる。しかし、１８９０年から１９１５年の間が日本人移民の激増期だったので、１８９０年には千人強であったカリフォルニアの日本人人口は１９００年にはその10倍くらいになっていた。そして、１９１０年に全米で６８００0人ほどの日本人がいたが、そのうち４万人強、つまり６割以上がカリフォルニア在住だった。つまりカリフォルニアの日本人の状況がほぼ当時の在米日本人の状況であったと言っても過言ではないのである。そのカリフォルニアで最も有名な日本人は長沢とジョージ・シマであったので、彼らはアメリカでもっとも有名だったとも言えよう。

１９００年代の後期には日本人移民の農業労働者のうち15パーセントほどが独立した農地所有者になっていた。１９２０年になると全米の日本人の85パーセントがカリフォルニア在住となり、同州の日本人移民は増加を続けた。１９１９年の数字では、カリフォルニア州の農地のうち12・５パーセントが日本人に所有されていたそうである。また、１９１６年ころに日本人によって生産されたブドウはカリフォルニアで生産されたブドウの35パーセントに及んでいたそうだ。

50歳ころの長沢

ファウンテングローブはこうしたブドウ生産者の先頭に立っていたが、これを主導していたのは長沢である。そのことはよく知られていたし、彼は日本人移民たちの先頭にも立っていた。長沢がカリフォルニアのブドウやワインの生産において、そして日本人移民運動の歴史においても高い功績があることは、１９８３年11月のレーガン大統領（当時）の演説を聞くまでもなく、確かなことである。

4．ハリスの死とブドーノコブ病の発生

１８９２年にハリスはニューヨークに去っていて、ファウンテングローブの経営は、ニューヨークにいるロバート・ハートとメアリー・ハート、サンタローザにいるユーザルディア・ニコラスとマーガレット・イーディス・パーティングと長沢の５人が行っていた。しかし、ニコラス嬢は１９０３年に死亡し、パーティング嬢は農園の仕事にはほとんど関心がない人だった。すでに触れたが、１８９３年にジョナサン・レイが死亡して以来ロバート・ハートはニューヨーク事務所の運営に集中していたので、結局長沢一人がファウンテングローブの真の指導者であった。そのことはカリフォルニア州でも誰もが認めることであった。

１９０２年に甥（姉モリと佐々木権之介の息子、共喜の義理の弟）佐々木英吉がファウンテングローブに加わり長沢の家族がまた一人増えた。ところで、１９０４年にハリスの体の衰弱がひどくなると、長沢は彼にぜひ会っておきたいというハリスの要請にこ

たえて、死期が迫って静養中だったハリスを訪ねてフロリダに会いに出かけて行った。そこでハリスは、13万ドルに上る新生兄弟社の基金について彼の死後はハリス夫人（ダビーおばさんことジェーン・L・ウェアリング改めジェーン・L・ハリス）に託され、彼女の死後は長沢に任されると遺言し、夫人もこれに賛成した。

この2年後の１９０６年にニューヨーク州でハリスが亡くなった。それに伴いハリス夫人とハートの家族はサンタローザに移住してきた。ニューヨークの事務所の運営はジェームズ・フリーマンが行った。しかし3年ほどたつと新生兄弟社の主要なメンバーの間がぎくしゃくするようになってきた。長沢がファウンテングローブ・ワイナリーの実権を握り、すでにハリス夫人やハートが経営にかかわる余地がなかったため、長沢と対立した彼らはサンディエゴに移転した。

こうした災難が起こる少し前、ハリスが亡くなるころに、カリフォルニアでブドーノコブ病が発生し、ファウンテングローブのブドウ園にも侵入したのだ。１８７３年にカリフォルニアで初めて見つかったこの病気の原虫は、１９０６年にサンタローザでも確認された。１８７８年に長沢が初めてこの地にブドウの植え付けを行ったときにはこの病気の脅威を彼はあまり大きく考えていなかったが、１９０８年には長沢のブドウ園も全面的に被害を受けることになった。

新種のブドウの苗が速やかに植えられることになった。ブドーノコブ病に強い苗が集められたが、これらが成木になるまでには3年が必要だったので、しばらくはブドウ自体を他の農家から買い取ってワイン造りを続けた。これは高くついたが、1909年の納屋の消失（1911年に再建）や1910年の管理棟の消失といった災難も乗り越えて、1911年には400エーカーに及ぶブドウ畑を再び手にしていた。この年、マーガレット・イーディス・パーティングがファウンテングローブで死去した。このことは、長沢がファウンテングローブ・ワイナリーの唯一の所有者になったことを示していた。

5. 新戸籍の創設と第2回目の帰国

このころに長沢は自分のルーツや親族をめぐる2つの注目すべき行動をしている。一つは、日本に新しい戸籍を作ったことだ。実はこの時期日本人はアメリカ国籍を取れなかったようだ。一方で明治維新前の日本には武士の戸籍はなかったようだ。長沢は長い年月に渡って日本にいなかったし、1865年に出国した後は存在しない人間の戸籍は作らなかったであろう。したがって彼は無国籍者になっていたと思われる。ただし、長沢にはアメリカの国籍を取るつもりなどつゆほどもなかったろうし、自分はあくまでも日本人であり薩摩藩士であると思っていたことはまず間違いない。

長沢は1910年（明治43年）8月1日付で、鹿児島市荒田町（今の下荒田町）53番地に新戸籍を作った。すでに論じたことながら、長沢は上之園町の生まれといわれているが、隣接する下荒田町にも磯長家や母親の家系の親族の土地などがあったようで、この地への思い入れがあったと思われる。いずれにせよ、自分が日本人であり薩摩藩士である証として新戸籍を作ったことは明らかで、長沢が故国や故郷を捨てたわけではないことがわかる。

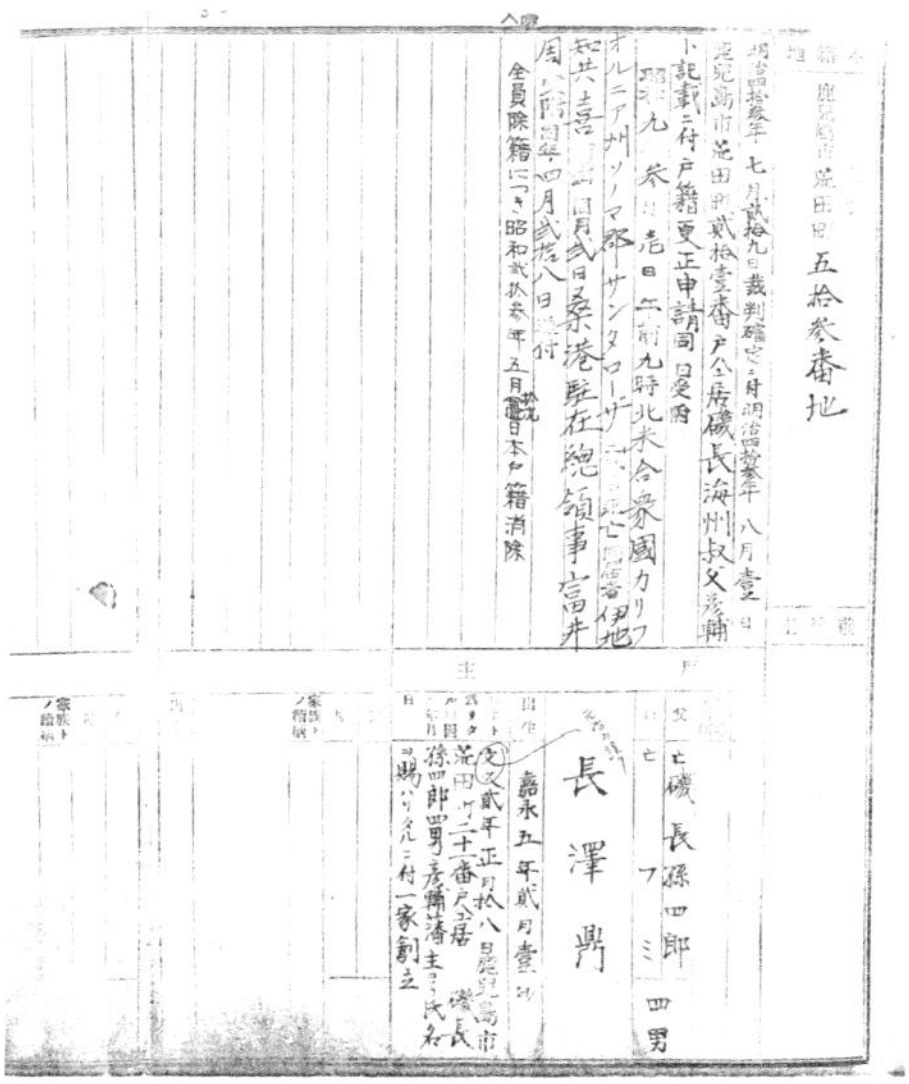
本籍 鹿児島市荒田町 五拾参番地
全員除籍につき昭和弐拾参年五月 日本戸籍消除
父 亡 磯長孫四郎 四男
母 亡 フミ
長澤鼎
嘉永五年弐月壹日

長沢鼎の新戸籍

この新戸籍にはさらに興味深いことがある。この新戸籍の自分の名前の欄が「長沢鼎」となっていることである。彼の本名は長沢鼎ではなく「磯長彦輔」である。事実その横には父の名「磯長孫四郎」と母の名「フミ」が記載されているのである。現代の感覚からすればはなはだおかしなことが行われていること

第２回目の帰国時の写真（場所は鹿児島市の二軒茶屋）
右からコマ（三番目の姉）、磯長鉄之助（長兄吉輔の二男）、長沢（61 歳）、モリ（二番目の姉で共喜の母）、アヤ（吉輔の長女）、

になるが、筆者は、どうしてもそういう形にしてほしいと長沢がごねたのではないかと想像している。

このことは、市役所がその要求に折れたことを物語るとともに、長沢が藩主からもらった名前（変名）にいかにこだわったかがわかる大きな証拠だと思われる。

さて、もう一つの行動は第2回目の帰国である。長沢は１９１３年（大正2年）の夏に再び帰国している。61歳の時である。8月3日のお昼前に鹿児島に着いている。この帰国の目的は満州・朝鮮の果樹園の視察であった。それは甥の本田幸介が朝鮮にいたからであり、渡辺正清氏によれば、長沢が朝鮮の本田のところに種馬を送ったりしていたので、この機会に本田が関わっている牧場を訪れたということである。

同じ時に同じ場所で親族と撮った写真（後段真ん中に長沢。姉たちも写っている）

長沢は日本滞在中にアメリカ移住を計画していた人々から様々な要請を受けた。またこの帰国時には弟の赤星弥之助から将軍家伝来と伝わる刀を贈られた。後年来客があると、たびたびこの刀を引き抜いてそれを振り回して見せたそうだ。これは自顕流の「抜き」と「続け打ち」であったろう。将軍家伝来かどうかは別として、この刀が２０１７年10月に全焼したパラダイスリッジ・ワイナリーの長沢展示室にあった刀だったのだろうか。この刀は２０１８年３月になって奇跡的に廃墟の中から発見されたが、長沢と同居していた甥の伊地知共喜の孫にあたる当主のケン・イジチ氏によると、それは確かに長沢の刀だそうだ。しかし彼は他にも刀を持っていたそうで、大事にしていておそらく人に見せていたと思われる刀は別にあるそうである。筆者は、複数の刀を長沢が所有していたことに驚いた。まさに刀は武士である長沢の「命」だったわけだ。

新聞記者の前でこの刀を抜いて見せたこともあったそうである。ディアボーン・インディペンデントという新聞の記者の見ている前で長沢がさやから刀を抜く動作や身のこなしはいかにも武士を思わせるものだった。敵を前にしているかのように鬼気迫る様子で力強くかつ素早く抜き放つのを前にして、記者は他の人ならより慎重に刀を抜いたのではないかと感じたようだ。それは長沢にとって当たり前のことで、自顕流で最も大事なのはスピードとパワーであり、その〈意地〉は「二の太刀は負け」「一刀必殺」だからである。

これらのエピソードが語るもの、証明することは説明するまでもない。

6．高い評価を受ける長沢

長沢は、各方面から高い評価を受けるようになっていた。例えば、ジョージ・シマや吉田日銀サクラメント支店長といっしょに日本人農業協会の顧問委員会のメンバーとなっていた。彼はカリフォルニア州最高の農業経営者として認められ、ブドウ栽培において指導的な役割を果たしたということでその功績が認められつつあったのだ。

１９１５年２月には、その前年のパナマ運河開通を記念するパナマ・パシフィック万国博覧会が開催され、日本の代表委員は長沢の名を万博のための専門家のリストに掲載した。アメリカ在住にもかかわらず、である。各関係国に対して大学や企業などの専門

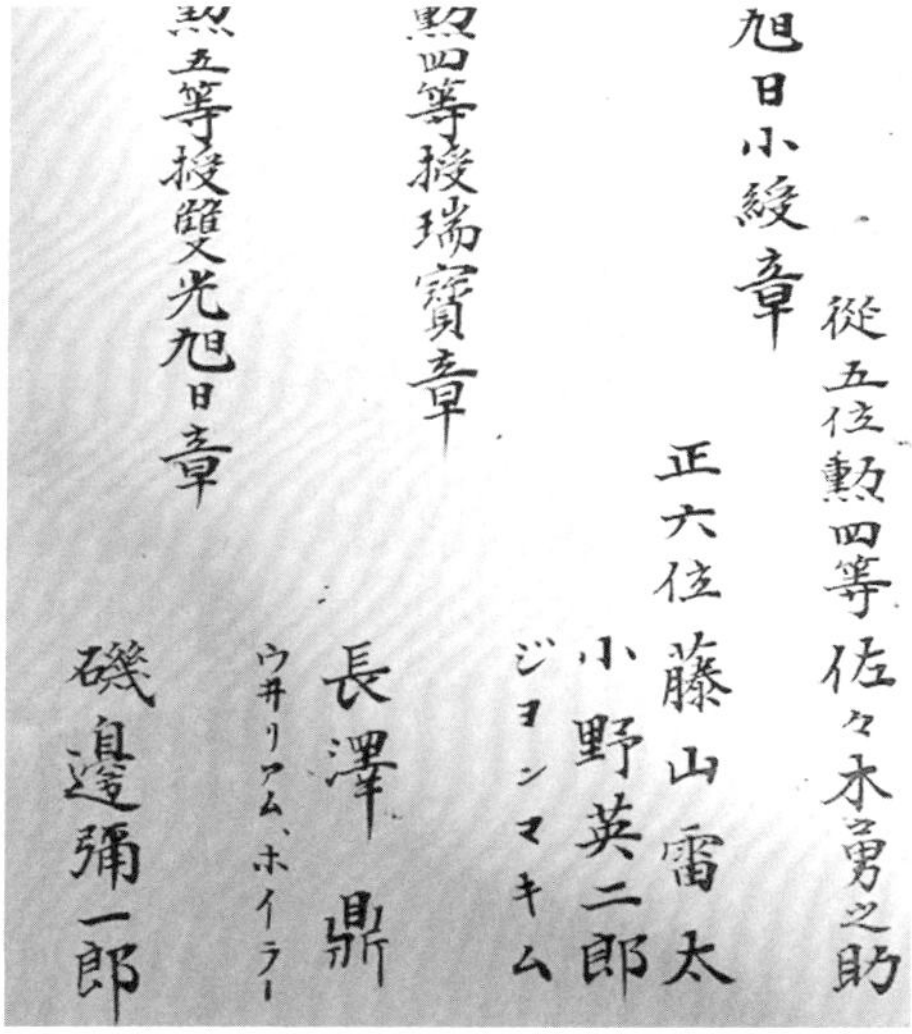
従五位勲四等 佐々木勇之助
旭日小綬章
正六位 藤山雷太
小野英二郎
ジヨンマキム
勲四等授瑞寶章
長澤鼎
ウヰリアム、ホイラー
勲五等授雙光旭日章
磯邊彌一郎

長沢の叙勲資料１（訓令の部分）

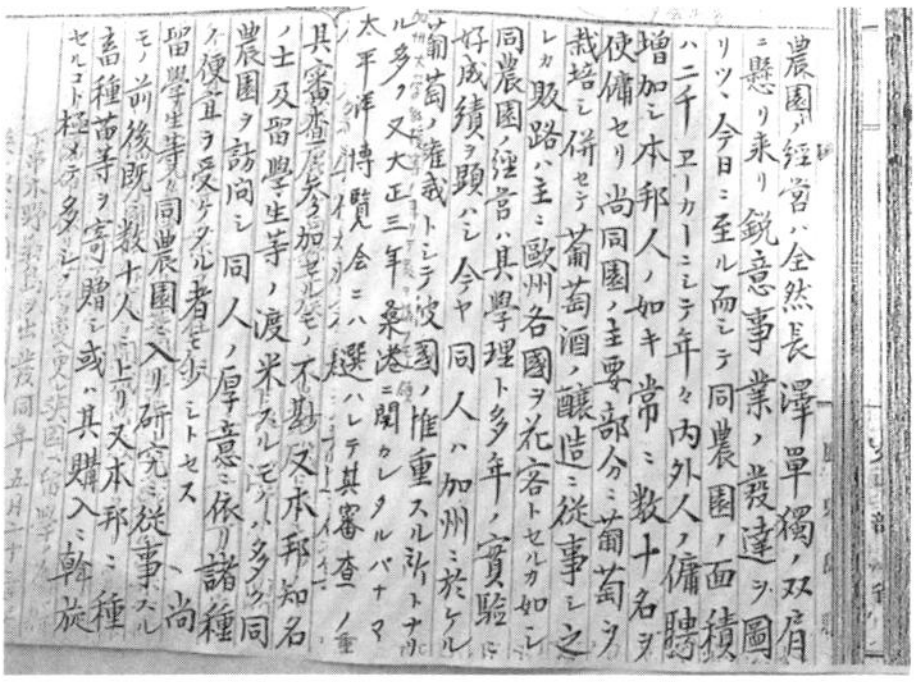
農園ノ經営ハ全然長澤單獨ノ双肩
ニ懸リ来リ鋭意事業ノ發達ヲ圖
リツヽ今日ニ至ル而シテ同農園ノ面積
ハ二千ヱーカーニシテ年々内外人ノ傭勝
増加シ本邦人ノ如キ常ニ数十名ヲ
使傭セリ尚同園ノ主要部分ニ葡萄ヲ
栽培シ併セテ葡萄酒ノ醸造ニ従事シ之
レカ販路ハ主ニ歐州各國ヲ花客トセルカ如シ
同農園ノ經営ハ其學理ト多年ノ實驗ニ
好成績ヲ顕ハシ今ヤ同人ハ加州ニ於ケル
葡萄ノ權威トシテ彼国ノ推重スル所トナル
多ク又大正三年桑港ニ開カレタルパナマ
太平洋博覧会ニハ選ハレテ其審査ノ
ノ士及留學生等ノ渡米スルモノハ多ク同
農園ヲ訪問シ同人ノ厚意ニ依リ諸種
ノ便宜ヲ受ケタル者ヲ少ナシトセス
留學生等ハ同農園ニ入リテ研究ニ従事スル
モノ前後既ニ数十人ニ上リ又本邦ニ種
苗種苗等ヲ寄贈シ或ハ其購入ニ斡旋

長沢の叙勲資料２（鹿児島県知事が提出した事績調書、「葡萄ノ権威」や「パナマ太平洋博覧会」の文字が見える）

70歳くらいの長沢。共喜の妻ヒロやその長男幸介とともに

家を派遣するようにとの要請があったのに日本が応えたものであるが、長沢は賞をめざして出品される品物の審査を依頼されたのだ。農業をはじめ芸術や科学や教育や工業など５００人のその道の最先端の専門家に混じってのことであった。彼が選抜された理由は、まずはその豊富なブドウ栽培の知識であったし、次いで彼がアメリカで勝ち得た誠実な人柄への信頼と実績への評価だった。なお、この折に長沢はバーバンクの引き合わせで発明王エジソンや自動車王フォードと出会い、知り合いになっている。

この万博での功績を評価されて、１９２４年（大正13年）２月11日に長沢は日本の本国から勲五等雙（そう）光旭日章を授与されている。71歳になる直前のことだった。さらに１９２８年（昭和３年）にも大礼記念章を受けている。母国日本から与えられたこの二つの勲章は、薩摩や国のために働きたいと考えていた彼には何物にも代えがたい大きな名誉であっただろう。

この書類の記述の中からは、多くの日本人が長沢の支援を受けたことがわかる部分もある。また、留学の経緯やハリスの下で学んで農園経営をしたことが記された履歴書も付属している。

長沢鼎のさらなる帰国と様々な苦難と永遠の別れ

1．長沢の大病と第3回目の帰国

ハリス夫人、つまりダビーおばさんが亡くなった１９１６年の９月に長沢は盲腸炎で生死の境をさ迷った。『プレス・デモクラット』紙に「危篤」と報じられたほど重体であったが、運よく数日後には快方に向かった。そして回復すると医師が旅行をするよう勧めたので、二回目の帰国をすることに決めたのである。

60歳代後半くらいの長沢

右端が60歳代の長沢。一番前に座っている眼鏡の女性が晩年のダビーおばさんことハリス夫人だと思われる

家族とともに（75歳くらい。共喜［後列真ん中］・ヒロ［その左隣］夫婦や幸介［長沢に抱かれている］・エイミー［その右］と）

この時すでに長沢死去のニュースが日本に送られてしまっており、それは１９１６年９月20日付の鹿児島新聞に報じられ、誤報は拡散していた。したがって長沢が１９１７年（大正６年）の早春に鹿児島に着いたときには、彼は死んだことになっていた。65歳の時であった。この旅の目的は共喜の嫁探しであったので、伊地知共喜を伴っての帰国であった。長沢は鹿児島市草牟田町の梅田ヒロ（25歳、梅田治辰・エツの四女）を選んでやり（当時は普通のことであった）、共喜とヒロは鹿児島で３月16日に挙式をしたうえで帰りは３人でサンタローザに戻った。

ヒロが家族に加わったことは長沢にさらなる安息を与えた。ヒロは母屋に入り、嫁としてよく尽くした。１９１７年７月には姉のモリ（共喜の母）が亡くなるという不幸もあったが、すでに触れたように、１９０２年にはすでに甥の佐々木英吉が加わっていた

70 歳くらいの長沢

ファウンテングローブ・ワイナリー農場での労働

銃を構える長沢（珍しい写真。さしずめ「アメリカの侍」というところか）

長沢のブドウ園遠景

し、1919年に共喜とヒロの間に幸介も生まれた。伊地知家の3人は長沢と母屋に同居していたので、にぎやかな家族になっていた。

ファウンテングローブ農場の長沢はどんな人物であっただろうか。日本人は皆、「おじさん」という意味で愛情を込めて長沢を「オジ」と呼んだそうだ。人種に関わりなく、皆が彼を厳格だが寛大で公平だとみなしていた。長沢には厳しいところがあり不正なことは大嫌いであったが、農場の労働者たちと親しく交わったのである。昼食をともにし、一緒に腰を下ろして皆にワインを注いでやり、自ら音頭をとって乾杯をした。これを見た白人には意外な風景だったかもしれない。

皆は長沢がきちんとした大学教育を受けた人とみなしたし、そう思わせるほど堂々と弁じた。彼と親しくしていたホームドクターのドクター・ボナベントゥーラも、長沢を賢く教養ある孤高の人と見ていた。ドクターが長沢にその人生について尋ねようとすると、長沢はそれを巧みに避けたそうだが、これもまことに長沢らしい謙虚さであったろう。成功物語や冒険談を語ることはできるが、それは往々にしていやらしい自慢話になってしまうからである。

そのカードの裏は長沢の写真になっている。

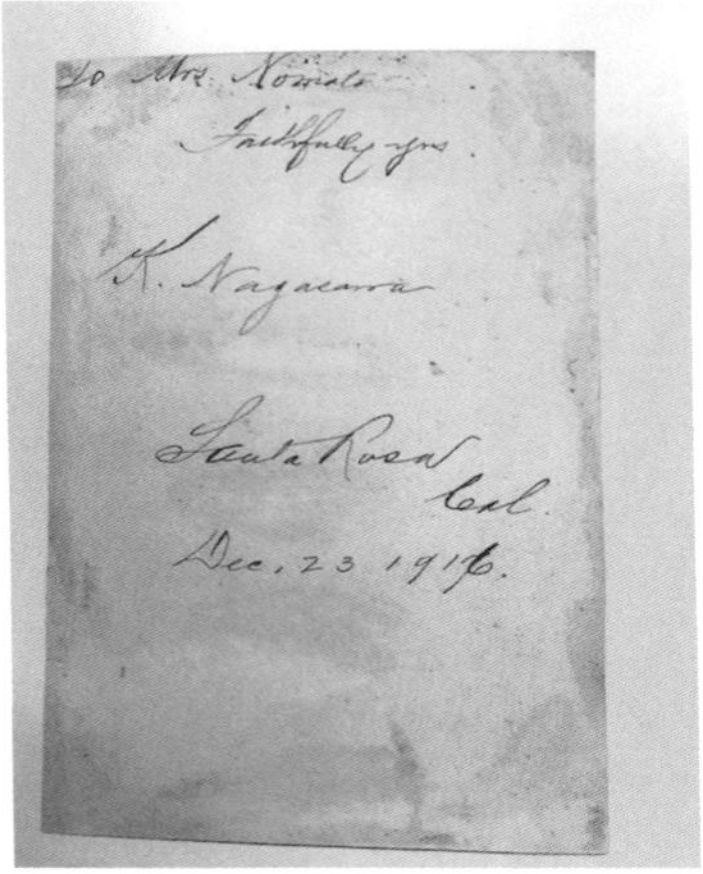

長沢が 1916 年に長姉トキの親族「野元夫人」に送ったカード（64 歳の時）

2. 第4回目（最後）の帰国

あとで述べるように様々な苦難に見舞われるようになった長沢は、健康状態の良い時期をねらい１９２３年（大正12年）に第４回目の、すなわち彼にとって生涯で最後となる帰国の旅に出かけた。71歳の時であった。今回は禁酒法で苦しい中で多角経営に踏み出すきっかけをつかむのが目的だった。この時は幸介とヒロが一緒で、７月10日に鹿児島に着いている。すでに触れたように姉のモリは１９１７年に亡くなっていたし、弟の赤星弥之助も１９０４年に亡くなっていた。残っていたのは弥之助の長男の赤星鉄馬をはじめとする甥や姪たちだった。また、鹿児島はかなりの変わりようだった。長沢は寂しい思いをしたと思われる。

彼にはこれが最後の帰国になるという自覚があったかもしれない。渡辺正清氏によれば、できるだけ多くの旧知の人に会おうとしたそうだし、東京で甥の赤星鉄馬の家に泊まり、この旅の中で箱根や京都や比叡山を観光して回ったそうだ。

3．長沢の様々な苦難

当時日本人がアメリカで成功を収めることはまれであった。そんな中で例外的にアメリカの夢を果たして成功者となった長沢は、その地位を固めさらに高めつつあり、富を蓄え豊かな生活をエンジョイしていた。意外にも感じるかもしれないが、彼は頻繁に母屋の食堂でパーティーを催していた。これを女主人として取り仕切ったのはヒロであった。彼女はこの大邸宅の主婦として家の管理や食事を指示していた。小柄なこのバロン（男爵）に会ってともに食事をするために多くの有名人がファウンテングローブにやって来るのだった。すでに触れたようにバーバンクやマーカムやロンドンがやってきた。少なくとも、バーバンクやロンドンは地方の名士というだけでなく、世界的な著名人でもあった。

しかし20世紀に入って中国や日本からの移民が激増していた。貧しい生活から抜け出してアメリカで夢をつかむためにやってくる人がほとんどであったが、白人たちは自分たちの仕事や居場所が奪われるのではないかと強く危惧した。「ジャポニズム」が流行ったりする一方で「黄禍」ということが叫ばれ、人種的偏見が地元主義とともに高まったのもこのころであった。そのため１９０６年には早くもカリフォルニア州議会は、日本人移民の制限に関する決議案を採択したのである。日本人排斥の運動はこのころからじわじわと始まった。１９０７年にはセオドア・ルーズベルトが「日米紳士協定」を結んだので、日本は自国民のアメリカ入国を制限されることに同意することになってしまい、日本人移民は激減することになる。

また長沢が2回目の帰国をした１９１３年には、カリフォルニア州議会は「外国人土地所有禁止法案（いわゆる外国人排斥法）」を可決している。ただ、長沢はこの法律の公布以前に土地を持っていたということで幸いにもこの法律の影響を受けることはなしに済んだ。しかしながらアジア人、とりわけ勤勉な日本人に対する包囲網は確実に狭まりつつあったのである。カリフォルニアの日本人は次第に圧迫感を持つようになり重苦しさを感じていたが、これは偏見となってアメリカ全土に広がりつつあった。

状況は悪化の一途をたどった。１９２０年にカリフォルニア州議会は「排日土地法」を可決し、１９２３年には外国人がカリフォルニアで資産を所有できなくすることとなり、また生まれながらのアメリカ人以外の居住者は不動産などの資産の管理者になれないという厳しい方向が示されたのである。こうした世の中の動きは当然長沢にも暗い影を投げかけ、つらい思いをさせたであろう。

ところが苦難はそれだけではなかった。第3回目の帰国から長沢が帰国した2年後の1919年1月にあの悪名高い「禁酒法」が制定されたのだ。この法律は、アメリカ国内でのアルコール飲料の製造・販売・輸送・輸入・輸出などを禁止する愚かなもので、酒を飲むことを全く許さないというものではないものの、ワイナリー経営者の長沢にとっては大打撃であった。彼はこの年のうちにフリーマンに指示してニューヨーク事務所を閉鎖させた。1920年1月に法律が発効すると当然ながら海外販売もできなくなり、販売できなくなったワインが多量に残ってしまった。

さらに問題が持ち上がっていた。1919年にロバート・ハートがサンディエゴから長沢の経営に文句をつけてきたのだった。ハートは、会社の収益が繰り入れられていた新生兄弟社の基金からすでに多額の金をひそかに得ていたし、人種的偏見の持ち主でもあったようだ。長沢はそれを大目に見ていたのだが、争いたくないので不本意ではあったが、1919年のハートのさらなる分配を求める要求と対決することにした。彼は代理人のジョージ・キングをサンデイエゴに送って交渉させた。長沢はこの事件に毅然と対応したので、結局ハートは要求を放棄しファウンテングローブの経営から手を引いた。しかしその後もフリーマンを間に挟んでしばらくやり取りが続き、とりあえず一時的に紛争は沈静した。

一方で長沢は禁酒法で生じた事業の穴を埋めるための対策を考え、競争の激しいグレープジュースやブドウそのものの販売ではなく、キングと力を合わせて滋養強壮用の薬用酒の販売に乗り出した。また調理用酒（シェリー）も販売した。彼は当時横行した密造や密売などは決してしなかったようだ。怪しい密売業者が売ることもできずに残っていたワインを譲ってくれと言ってきたときにはその目の前で樽をたたき割って拒絶したという逸話が残っているほどである。

禁酒法下にあっても自家用の酒を飲むことは禁止されていなかったので、長沢は、世界中からやってくるお客たちを貯蔵していた極上のワインでもてなした。エジソンやジャック・ロンドンをはじめ、著名な歴史家や有名なボクサー、カリフォルニア州の副知事などそうそうたる人物が長沢の客となった。

ところで、このころに、生前に唯一書かれた初めての長沢の伝記が書かれることになる。

長沢の家族たち（共喜［後列］、ヒロ［前列左から２人目］、幸介［真ん中の子供］がいる）と西春彦領事官補［右から２人目］と今村明恒博士［左端］

4.「バロン・ナガサワ」「ブドウ王」の永遠の別れ

長沢は従来自らの肉体を清浄なものとして尊び、食べるもの一つとっても気を使っていたが、このころにはあまり健康に心配りをしなくなっていて、葉巻を常に吸い続けた。それに伴い全身がかなり弱ってきていたようだ。しかし、伊地知家の人々、特に共喜とヒロは全力で長沢の世話をし続けた。

長沢の初の伝記（手写本）が書かれたのは。彼が72歳の時、１９２４年（大正13年）のことであった。友人で長沢を尊敬していた鷲津尺魔が１９２４年７月13日から18回にわたって日系新聞『日米』紙上で連載した伝記である。鷲津の序の日付は１９２４年４月29日付なので、実際に書かれたのは連載より３か月ほど前のことだったことがわかる。そして、新聞連載を読み、かつ切り抜いて保管していた友人で住友銀行に勤めていた川勝正之が共喜の妻ヒロに会った時、ヒロからこの伝記の連載を伊地知家で長く残してい

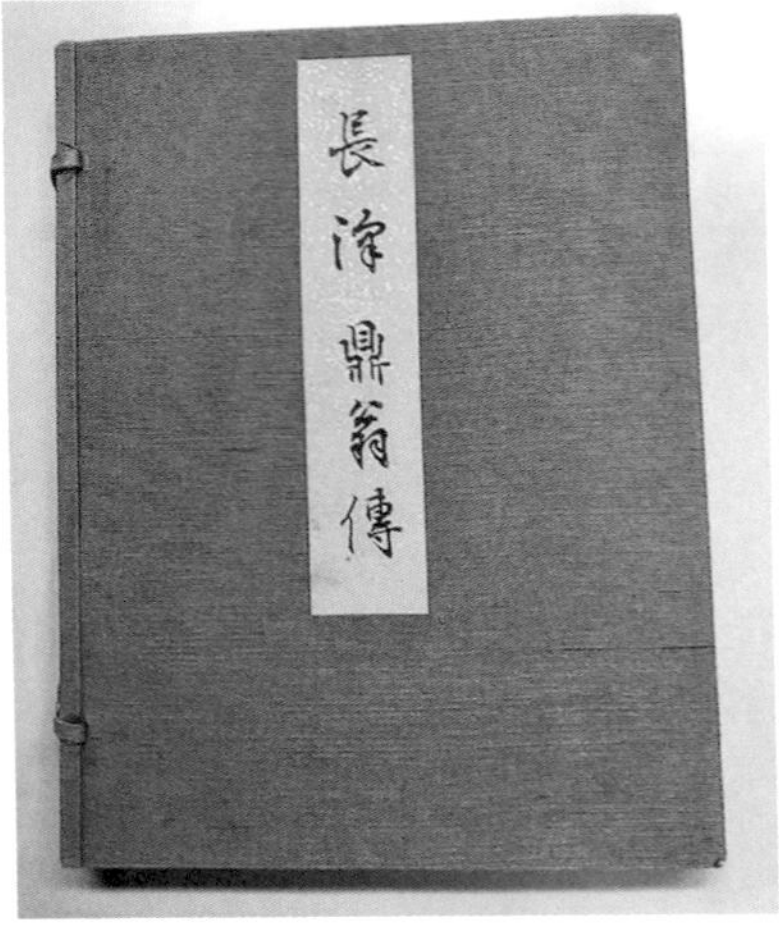

鷲津尺魔の『長沢鼎翁伝』

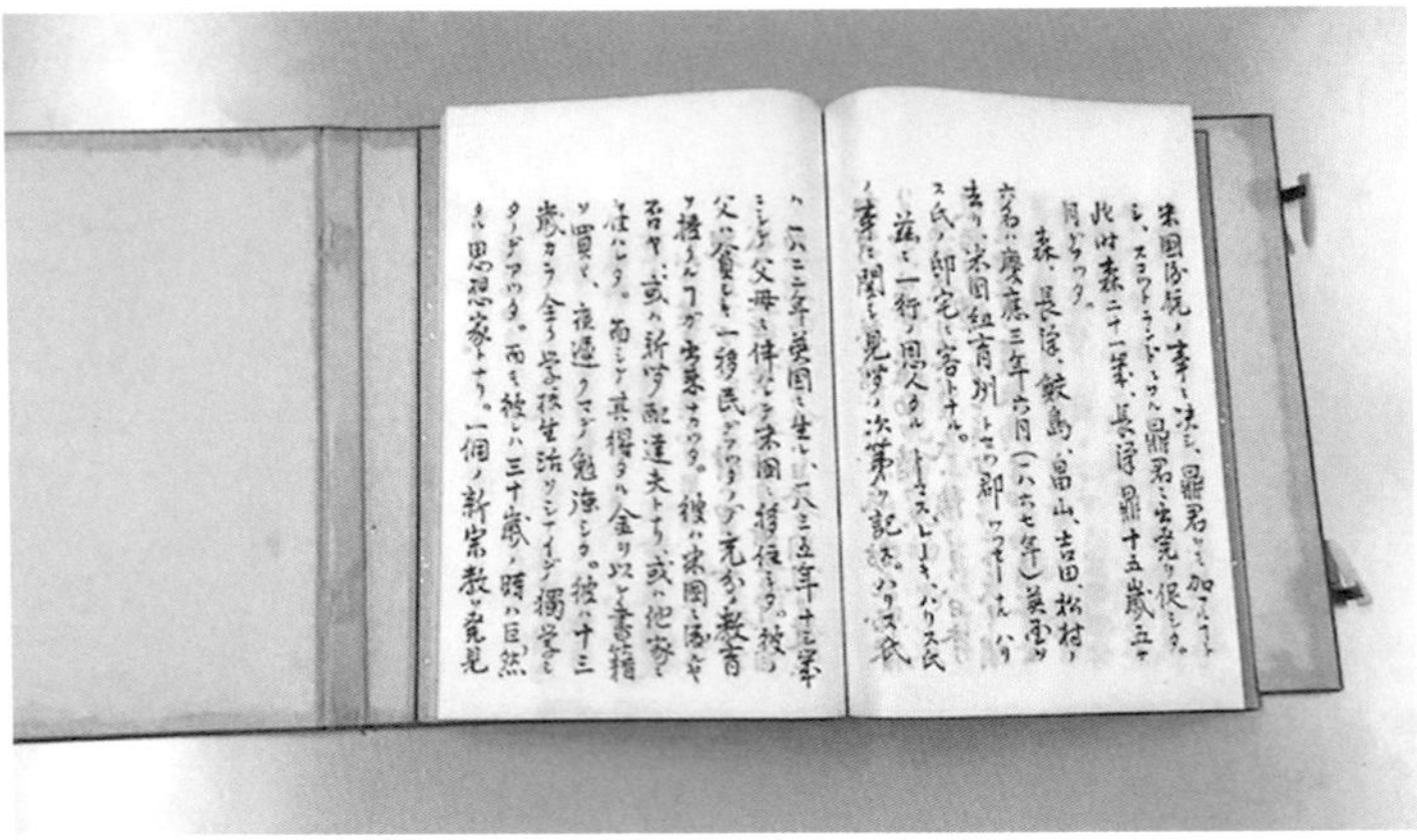

鷲津の長沢伝の手書き部分

家族（共喜［左から２人目］、幸介［長沢の右］）や西春彦領事官補［右端］や今村明恒博士［左端］と長沢（70歳くらい）

長沢のワイナリーの入り口

長沢のワイナリーに続く道

きたいという話を聞いた。川勝はその願いにこたえて全編を手書きして長沢家に贈った。川勝の序の日付は新聞連載の10年後の１９３３年1月である。長沢81歳、亡くなる1年前だった。

世界に一つしかないこの伝記は現在鹿児島国際大学に保管されている。丁寧な字で書かれており、しっかりした箱もついている。同大学には現在長沢鼎の常設展示室が設置されており、子孫の方から寄贈された貴重な資料や門田明先生のご遺族から譲り受けた研究資料約４００点（うち長沢資料は約１００点）とともに、この伝記も所蔵されている。この伝記は長沢が亡くなる前に書かれた唯一の伝記ということになり、聞き書きで書かれている部分も多く信ぴょう性が高いので、研究者にとって信頼のおける決定版伝記と言えよう。

さて、長沢はファウンテングローブを処分するようなことは考えなかったので、当然のことながら禁酒法の影

有名人と。右端が新渡戸稲造、隣が長沢（60歳代後半くらい）、
真ん中がルーサー・バーバンク、左から２人目が西春彦領事官補

響で収入が減り続けてしまい、１９２７年から１９３３年にかけて資産の一部を抵当に入れて５～６回にわたり高額の借り入れをしている。１９２５年時点で約20万ドルの収益があったが、賃料を稼ぐために同年には滑走路の設置場所として農場の西南の一角を他の会社に貸したりしている。

ところで、日本にいる親戚とも付き合いがあったことはすでに述べたが、その中で最も親しくしていたのが赤星鉄馬だった。鉄馬は、長沢の弟で赤星家に養子に入った弥之助の長男である。弥之助は港湾建設により建設業で財を成した人で、鉄馬もまた父親の集めた骨董品を売り払ってかなりの資力

ファウンテングローブの納屋の一つ

を誇っていた。１９３０年に長沢は鉄馬からやむを得ず２５０００ドルを借り入れた。また１９３１年にも１０００００ドル借り入れているが、30年の借り入れと併せて生前にはついに返金することができなかった。ただし、この負債は長沢の死後の１９３５年にすべて遺産で返済されている。

　さらなる問題が老いた長沢の身に降りかかった。この厳しい時代には他の人々も厳しい状況に立たされていたのであるが、長沢の代理人で親しい友人の一人でもあったジョージ・キングが投機に熱を上げ、１９２９年の大恐慌で破産したのだ。彼は無心のため何度も会いに来たので多くのお金を貸してやったが、返済の兆しがないので長沢はついに訴訟を起こして差し押さえをするしかなくなった。この年にキングは失意のうちに亡くなった。

　その直後サンディエゴから再びロバート・ハートが要求を突き付けて、長沢に対して訴訟を起こした。1931年1月に公判が開かれハートは3万ドルを要求したが、長沢も弁護士（ウォレス・ウェアとジョージ・マーフィー）を立てて争い、ほぼ勝利した。ハートはカリフォルニア州の最高裁まで上訴したものの、退けられた。

長沢は甥共喜の息子である幸介少年を孫のように深く愛するようになっており、当然のことながら幸介にワイナリーを継がせたいと思った。しかし、1920年に可決された外国人土地法が1923年に発効するとその夢は難しいものとなった。長沢の財産は顧問弁護士のウォレス・ウェアが管理することになるが、ここには不安材料があった。ウェアは勤勉であったが、アメリカ人であったし、ファウンテングローブへの愛情を持っているというわけではなかったのだ。

晩年の長沢鼎（70歳代後半くらい）

外国人土地法の可決前に財産の一部を少額だけ幸介に譲っておくというのが、とりあえず長沢にで

80 歳くらいの長沢（最後の写真と思われる）

きた精いっぱいのことだった。１９３４年１月に禁酒法が廃止されたが、これも長沢にとっては手遅れであった。しかし長沢は挽回を図るために、ファウンテングローブの人となっていた佐々木英吉（共喜の義弟）を代理人にして、ロサンゼルスにファウンテングローブの支店としてワイン販売の株式会社を設立した。ワインの販売についてはロスのＥ・Ｃ・ロマーノが代理人として担当した。

長沢はこのころから、つまり１９３０年以降体力が落ちていき、有名人の訪問客などをもてなしてはいたものの、１９３４年に入ると健康状態は最悪となった。彼は動脈硬化が進み、うつ状態になった。もはや回復は望めない状態だったので、主治医のフィリベアト・ボナベントゥーラが頻繁に往診をした。ボナベントゥーラは長沢と親しくいろいろ語り合ったが、長沢は仏教や儒教や神道の思想こそが信条だと述べたそうだ。この思想こそが武士道精神であり、彼が新生兄弟社の思想ではなく薩摩の武士道精神を自己のよりどころとして堅持しつづけたことがわかる。

このころＥ・Ｃ・ロマーノはロスにいて、ワイン販売以外のことについても長沢の仕事の代理人になっていたが、１９３４年の1月頃に長沢は、ロマーノにファウンテングローブの一切、つまりワイン事業と地所を売却する意志を伝え、買い手を探すようにと指示をしている。ロマーノは1月のうちに買い手を二人見つけていたが、長沢の死でご破算になったのだ。

長沢鼎は１９３４年3月1日に亡くなった。82歳であった。誕生日からわずか10日目だった。その前日に彼は家族やボナベントゥーラ医師や周りの人々を自分の部屋に呼ぶように言い、辞世の句として「もうお別れの時が近くなったようだ。…死を美しく迎えたい」と言った。誠に武士の最後らしい言葉である。

長沢鼎の死後の動きから現代の奇跡まで

1．葬儀と資産の分与、そして家族の追放

1934年3月2日の朝に母屋の食堂で行われた葬儀は、顧問弁護士のウォレス・ウェアが自ら買って出て取り仕切った。ささやかな式で、長沢の友人でもあったエグバート・クラーク牧師が司会・進行を行なった。長沢がキリスト教式を望んだかどうかはわからないが、当時は仏式や神式の葬儀は田舎ではできなかったかもしれないし、ウォレスが勝手にそうしたのかもしれない。葬送の列に参加したのはわずか6人ほどであった。しかも身内や日本人は一人もいなかった。このことは、当然ながらウェアの関与した葬儀には長沢の親族の意に染まない面があったことを物語っている。遺体はカリフォルニア州オークランドで荼毘に付された。

ウォレス・ウェアが遺言執行人となり、遺産の処理が行われた。遺産は大不況下の1934年には137000ドルにしか評価されなかったが、ウェアはまずこのうちの25000ドルを自分の配分された取り分とした。長沢はウェアに5年以内に、共喜、ヒロ、佐々木英吉に残されていた資産を処分して相続人に配分するよう指示していたのだ。

伊地知家の人々と佐々木英吉と磯長紀一（1916年渡米）がファウンテングローブ

に住んでいたが、ウェアは資産の維持のためとして、Ｅ・Ｃ・ロマーノを雇い入れて農場の管理者にした。ロマーノは１９３４年から3年間にわたって、禁酒法によって荒れ果てていたブドウ畑の手入れをし、農園の再建のために努力した。この間の１９３５年には、一家の柱であった伊地知共喜が亡くなった。61歳であった。

１９３５年の8月にサンタローザの商工会議所がファウンテングローブの一部85エーカー（約34ヘクタール）を購入したが、その後１９３６年12月14日に、エロル・マックボイルが、残りの土地のすべてである１７６８エーカー（約７１６ヘクタール）と全建築物、そして母屋の立派な蔵書と家具一切を含めた長沢の所有物のほぼすべてを買い取ったのである。

こうなるともはや伊地知家の人々はファウンテングローブには住めなくなり、１９３7年に入ると突然立ち退きを迫られた。彼らは身の回りの持ち出し可能なものだけを集めてそれらを各自手に持って、まさに追い出されるようにファウンテングローブを去った。しばらくサンタローザの友人のもとに身を寄せていたものの、やがてサンフランシスコのベイエリアに移住し、１９４０年代にはアーカンソー州のキャンプに約三年間収容されたこともあったが、今もその周辺に暮らしているのである。なお、磯長紀一と佐々木英吉と幸介もその後死亡し、現在は幸介の妹の90歳を越えるエイミーさんとその家族、幸介の長男で伊地知家当主のケンさんの家族など多くの家族が元気にしておられる。

話は戻るが、結局長沢の資産の売却額は全部で11805０ドルとなった。売却に伴う支払い（二度の借入金の返済など）や弁護士費用は合計66160ドルに上ったが、ウェアは遺言書通り弁護士費用のほかにも25000ドルを受け取った。ワイナリーの売却代金から諸費用を引いた残金のうち13分の1が伊地知幸介に、13分の6が伊地知ヒロに、13分の3が佐々木英吉に、13分の1が磯長紀一に、そしてウェアに25000ドルが配分された。

ところが、1937年5月8日に遺言検認裁判所が、莫大な費用がかかったとしてウェアに多額の追加取得金額の受け取りを認める裁定をした。伊地知家はこれに反対する主張をしたが認められず、5人（ヒロ、幸介、エイミー、佐々木英吉、磯長紀一）に残された資産は非常に少額になった。13分の1の配分でわずか269・24ドル、相続人全体でもわずか3500・12ドルになってしまったのだ。118050ドルの売却金額と比べても、諸費用を引いた50000ドル強の残金と比べても、あきれるような少額である。当然伊地知家など正当な相続者たちにとって、このウェアという名は決して良い記憶にはならなかったのである。

2. 1940年代から2018年まで

１９４８年に母屋に残されていた多数の高価な品々、つまり書画・骨董などが競売に付された一方で、ファウンテングローブを引き継いでいた新しい所有者（エロル・マックボイルであろう）は、１９５０年代の初めごろまでワインを生産していた。そして、この１９５０年代初めにサンタローザの西にあったマルティーニ・プラッティ・ワイナリーに商標を譲渡したが、１９７１年には母屋や家族棟が解体された。

さらに、ファウンテングローブ・ワイナリーの農園の１２７０エーカー（約５１４ヘクタール）の土地は１９７９年に１５４０万ドルで売却され、以後はオフィスビルや住宅用地として文筆して小分けされ、土地開発者らに売却されてきた。ワイナリー（ワイン醸造場）跡の建物群は、ここの土地を買い取った大きな医療用品会社が長い間持っていて、若者たちに放火されたりする中で崩れ落ち朽ちるままに放置されてきた。このことはワイナリーの建物が残っていくことであったから、我々長沢を顕彰するものにとっては喜ばしいことでもあったが、いつもでもそのままであり続けるわけにはいかなかった。しかし、２００６年にこの土地が再度売りに出された時には、ファウンテングローブは高級住宅地になっていて土地も高額なため、幸いにも買い手がつかなかった。ところが、２０１６年になると危険な建物群として市当局の命令によってついにすべてが解体されてしまった。そうなるとこの時点で残っていたのはラウンドバーンだけであった。この円形厩は長沢の功績に敬意を表して教育委員会や投資会社によって再建され1984年に保存が決まったものだったが、これだけは何としても保存してもらいたいと思っていた我々の願いもむなしく、2017年10月に思いもよらない原因で姿を消して

1970年代頃のシェリー・バーン

崩れ落ちたワイナリーの建物

しまった。それは未曽有の大火災、それもかつてないほどの強風にあおられた山火事で、ラウンドバーンは跡形もなく焼失してしまった。

この大火の一報を受けて鹿児島サンタローザ友好協会はすぐに支援活動（募金運動やメッセージ送付）を始め、これが大きな運動となり、サンタローザの人々の感動を呼び、また喜んでもらえた。

さて、先走ってしまったが、1950年代から2010年代までの動きと流れを少し詳しくたどってみよう。それはまさに長沢鼎がその死後も生きていることを示しているからである。

廃墟となったワイナリーの建物群

まず長沢の遺骨についてだが、門田明先生と渡辺正清氏の説明をもとに整理していこう。すでに触れたように長沢の遺体は1934年にカリフォルニア州オークランドで荼毘に付された。その後遺骨はサンフランシスコ南部のコルマにあるサイプレス・ローン・メモリアル・パークに保管されていたが、第2次世界大戦が終わってから1952年（昭和27年）10月にようやく祖国に帰国した。1865年に留学生として出国して以

焼失後のラウンドバーンの跡地（朝日新聞社提供）

来実に87年ぶりであった。これは伊地知共喜の長男幸介氏が遺骨を日本に運んだもので、東京の青山墓地にある赤星家の墓に埋葬された。そして長沢の長兄吉輔のひ孫で現在もお元気でおられる磯長純二氏がこれを鹿児島に持ち帰り、のちに易居町の不断光院に安置された。1979年（昭和54年）7月25日には鹿児島市冷水町の興国寺墓地内の磯長家墓所の敷地内に「長沢鼎の墓」が建立され、長沢の遺骨は永遠に埋葬されたのである。

　興国寺墓地は旧興国寺跡にある古い墓地で、名の知れた武士やその家族などが埋葬されており、新納家の墓もある。長沢の墓はやや急な斜面のほぼ中段、斜面に向かって左側にある。現在は、南風病院から脇道を冷水峠方向に歩くと2か所に案内板が設置されている。ここで注目すべきは長沢の墓の状況である。磯長家の墓所内の磯長家と書かれた墓のすぐ左脇に、それよりひと回り小さい墓があり「長沢鼎の墓」と銘打ってあるのだ。磯長家の墓に入っていないのはなぜか不思議に思う向きもあろうが、これは子孫の方々の深いご配慮に違いない。長沢は磯長彦輔としてではなく、藩主からもらった長沢鼎の名で死んだわけで、死んでも長沢鼎でいたいであろうということである。よって、この墓も長沢が生涯武士であったことを象徴している。

ところで、遺骨の帰国より早く１９４９年に密かに大変重要な動きが起こっていた。詳しくは後述するが、サンタクルーズマウンテンにあって、現在はカリフォルニアでトッ

サンタローザ友好協会の募金活動のひとコマ

千羽鶴を折る友好協会学生支部の学生たち（鹿児島国際大学）

鹿児島からの募金に感動し千羽鶴を囲む鹿児島友好協会の会員（サンタローザ）（朝日新聞社提供）

プの評価を得ているリッジ・ヴィンヤーズの、禁酒法時代に荒れ果ててしまっていたモンテ・ベロ・ブドウ園に、１００本ほどのファウンテングローブのブドウの樹が移植されたのだ。その苗木は長沢が丹精込めて改良を加えながら育てたカベルネ・ソーヴィニオンの樹であった。

かつて長沢鼎が所有していたファウンテングローブの土地の一角に現在あって２０１７年の大火で焼失したパラダイスリッジ・ワイナリーの創設者ウォーター・ビックがファウンテングローブの一部でブドウの栽培を始めたのは１９７８年だそうで、それは筆者が初めてサンタローザを訪れた年でもあった。１９３４年の長沢の死以降は、そこに彼のワイナリー跡は残っていたものの、久しくワインを作る者も全くいなかったころである。筆者もファウンテングローブにブドウ畑を見たことはなかったが、パラダイスリッジのワイナリー自体は１９９４年に開設されている。

鹿児島でも１９８２年（昭和58年）以前には長沢鼎の名は一般にはほとんど知られて

長沢鼎の墓（興国寺墓地）

いなかった。１９８２年3月に鹿児島市は市の人口が50万人に達したことを記念して、彫刻家の中村晋也氏に依頼し、1億３７００万円をかけて「若き薩摩の群像」を現在の鹿児島中央駅前に建立した。この駅は当時はまだ西鹿児島駅と呼ばれていて、周りに高いビルなどがなかったのでとても目立って威容を誇っていた。今も大きなビルの間で必死に存在感を示しているが、実は薩摩藩英国留学生19人のうち17人しか立っていない。他藩出身という理由で高見弥一と堀孝之が「群像」に含まれなかったのだ。その後２００８年に歴史学者らが「群像を完成させる会」を作って二人を追加するよう求めたが、美術品であることを理由として、今もなお追加は実現していない。

翌１９８３年（昭和58年）は長沢の顕彰に関して大きな動きが続いた年だった。まず同年4月にサンタローザに鹿児島友好協会が発足し、ファーン・ハージャー女史が初代会長となった。またこの年には長沢の功績を記念するためとして鹿児島友好協会から鹿児島に対してブドウの苗が四品種12本送られてきた。この苗木は3年間、すなわち1986年まで植物検疫所の検査を受け、東郷町の県果樹試験場で1年余り栽培のための工夫が加えられた。そしていよいよ1987年に苗木は、三方限出身名士顕彰碑（長沢も含まれている）の立っている甲南校区の甲南中と荒田小と中州小に贈られ、実は今も三校の校庭に生きており、中には今でも多くの実を付ける木もあるようだ。また、これら

焼失前のパラダイスリッジ・ワイナリー（布袋ワインズ提供）

パラダイスリッジ・ワイナリーの焼失前の長沢展示室（布袋ワインズ提供）

現在日本で販売しているパラダイスリッジのワイン

の木から剪定された枝はいくつもの家庭に持ち帰られ、各家庭で挿し木されて今なお育てられている。

ところで、サンタローザに先に鹿児島友好協会が生まれた１９８３年（昭和58年）の11月には当時のレーガン・アメリカ大統領が来日して、日本の国会演説の中で長沢のことを日米交流の祖として特に名を挙げて説明し評価した。この時点に至って日本でも長沢の名が話題になり、鹿児島でも門田明先生と古木圭介氏が中心になってサンタローザに負けじと鹿児島サンタローザ友好協会が設立された。初代会長には新納教義黎明館長（当時）が就任し、直後に筆者も会員となりすぐに役員にもなった。翌１９８４年には長沢の建てたラウンドバーンがサンタローザで現地保存されることが決まって弾みがつき、その後は一年一年新しい試みが実行に移されていったのである。

年を追ってみていくと、１９８５年（昭和60年）には中村晋也氏作の長沢胸像がサンタローザ市に寄贈され、これは現在でも市庁舎に飾られているし、１９８６年（昭和61

年）には鹿児島市の老舗デパート山形屋が友好協会の仲介で長沢の偉業を記念する「長沢ワイン」の輸入・販売を開始し、これは今も7種類販売されており鹿児島の特産品の一つになっていると確信する。その翌年（1987年）にはついに、現在でも両友好協会が最も力を入れていて止まることなく続いているSRKSEP（Santa Rosa Student Exchange Program）、つまりサンタローザと鹿児島の間の学生交換プログラムが始まっ

ワイナリーの廃墟とハージャー会長（当時）

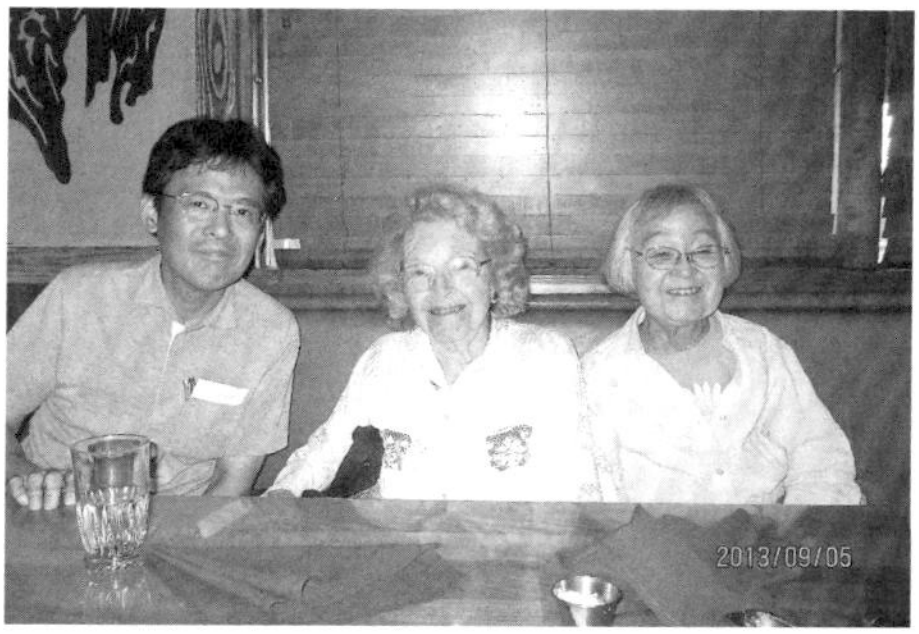

筆者とハージャー会長（当時）。右端は鹿児島友好協会役員（当時）の大脇博士

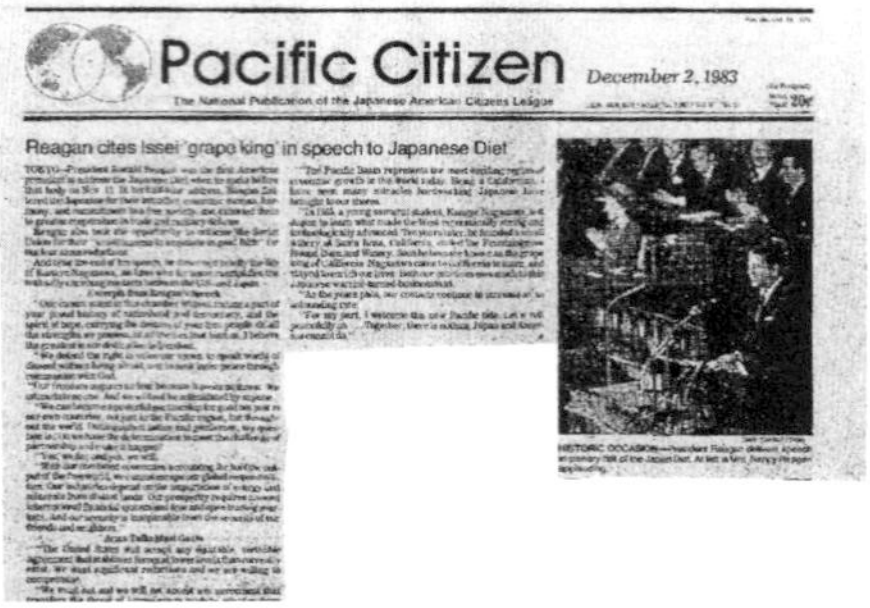

Pacific Citizen

The National Publication of the Japanese American Citizens League

December 2, 1983

Reagan cites Issei 'grape king' in speech to Japanese Diet

レーガン大統領（当時）の演説を伝える新聞記事（部分）

た。これは長沢が英国留学生プログラムの一員だったことやこのプログラムの果たした役割や意義は、今でも高校生・大学生が海外経験をすることの効果につながると考え、併せて両地の友好親善の青年大使になってもらおうとするものである。

１９８７年（昭和62年）にはまずサンタローザから10名の学生と２人の引率者が初めて来鹿し、筆者の家庭は鹿児島側最初のホストファミリーのひとつとなった。翌１９８８年（昭和63年）には今度は筆者と妻が鹿児島側からの初の引率者となって、15名の学生がサンタローザを訪問した。これ以来ＳＲＫＳＥＰは1年交代で交互に学生を送り合っており、31年目の２０１８年現在、実に３２３人に上る若者たちがこのプログラムで海を渡ったことになるのだ。完全な民間のボランティア団体にしてはこれほど続いているプログラムは他にはないのではないか。

その後は、鹿児島西ロータリークラブとサンタローザのサンライズ・ロータリークラブの姉妹盟約など両地の間にいくつかの姉妹関係が生まれ、１９９６年（平成８年）に

長沢の胸像

門田明先生

は新納会長の名誉会長就任に伴って門田先生（副会長）が会長に就任し、門田会長、古木副会長、七枝敏洋事務局長という新体制が生まれた。3年後の1999年（平成11年）に筆者がもう一人の副会長に就任して副会長は二人体制となった。鹿児島西ロータリークラブは国際ソロプチミスト鹿児島―南とともに友好協会創立当初より一貫してこの民間ボランティア団体を強力に支えてくれている。非力な民間団体ということもあって、他にも山形屋デパート、MBC南日本放送、いちき串木野市、IBS外語学院、鹿児島国際大学などが支援している。

2000年（平成12年）に鹿児島国際大学に友好協会の学生支部（通称、サンタローザクラブ）が誕生し、同じ年に鹿児島国際大学のサンタローザ研修「外国文化実習」も開始され今もなお続いている。この18年間でこの研修により42人の鹿児島国際大学

山形屋で販売している「長沢ワイン」

生が充実したサンタローザ体験をしている。

２００７年（平成19年）、ＳＲＫＳＥＰが20年目を迎えたこの年の7月に、サンタローザ市はかつて長沢が所有していた土地の一部を「ナガサワ・コミュニティー・パーク」として整備して開園した。このように日本人の名前を冠した公園は極めて珍しく、筆者の知る範囲では他にはない。そして鹿児島では同年の9月に門田会長が退任したことに伴い、森会長、古木副会長、七枝事務局長という運営体制に切り替わって現在まで続いている。２０１８年（平成30年）にはついに協会創立35年を迎えた。

ところで門田先生は１９８３年（昭和58年）にテリー・ジョーンズと共著で、鹿児島で書かれた初の長沢の伝記『カリフォルニアの士魂　薩摩藩英国留学生長沢鼎小伝』を出して以来、２００９年（平成21年）に亡くなるまで薩摩藩英国留学生と長沢鼎の権威として知られた。１９９１年（平成３年）には『若き薩摩の群像　サツマ・スチューデ

SRKSEP の一コマ（サンタローザにて）

SRKSEP で来鹿した学生と交流する鹿児島の学生たち（鹿児島国際大学にて）

ントの生涯』も出している。

活躍されていた門田先生が会長退任後病に倒れ、我々の祈りも届かず帰らぬ人となられたのが２００９年（平成21年）９月のことであった。友好協会は衝撃と悲しみの中で協会の発展を誓った。ご遺族は先生の収集された資料をどこか信頼のおける研究機関や教育機関に預けたいとのご意向であった。実は筆者は会長を退任された後の生前の門田先生から、万が一の場合のこの資料の扱いについて相談を受け、貴重な資料の鹿児島国際大学での所蔵について打診を受けていた。非公式ながらお引き受けする意志を示した筆者であったが、まだ相当先のことと考え公式には大学に確認していなかった。

しかし残念なことに思いのほか早くこの件を検討しなければならなくなったのである。ご遺族と話し合い、門田先生の「資料を多くの人の研究に役立てたい」という御遺

サンタローザ友好協会のウェルカムパーティー（鹿児島にて）

鹿児島友好協会のウェルカムパーティー（サンタローザにて）

外国文化実習の一コマ（サンタローザにて）

志も確認した上で，鹿児島国際大学の瀬地山敏学長（当時）に許可をいただいて大学での保管が決まったのである。そこで、筆者と七枝サンタローザ友好協会事務局長（当時は鹿児島国際大学非常勤講師、現在は比治山大学短期大学部准教授）との二人三脚が始まった。門田先生の10箱以上に上る資料を本学の空き部屋になっていた研究室に運び込み、２０１０年（平成22年）の４月からいよいよこれらの資料の整理と目録作りにとりかかった。

資料の数の多さ（４００点以上）と、ついつい資料の中身に見入ってしまうために、この作業は結局２０１１年（平成23年）の４月までまる１年を費やすこととなった。きちんと分類されて紙ファイルなどに整理してはあったものの、やはり破損や文字の消失などもあり新しいファイルへの移行やリストアップを続けた結果、長沢以外の留学生やマセソン商会なども含む４４２点の資料（長沢資料は89点）の整理が終了した。なお、資料の数は外部からの寄贈もあって増え続けており、長沢資料の数は現在１００点を超えている。

２０１１年（平成23年）９月から12月までの３か月間、これらの資料の一部を公開する「長沢鼎展」が鹿児島国際大学で開催され、長沢を含む留学生の子孫をはじめとして１００人を超える人々が訪れた。初日の９月28日には同大学でシンポジウムが開かれ、門田夫人も出席した。

２０１４年（平成26年）の７月20日には、いちき串木野市羽島に「薩摩藩英国留学生

ナガサワ・コミュニティー・パークの入り口

ナガサワ・コミュニティー・パーク中央の湖（周りを遊歩道が囲む）

記念館」がオープンした。オープニングにはカリフォルニアからエイミーさんとその御家族が駆け付けた。記念館は、小さな羽島港ながら留学生たちが旅立った場所であることから、いちき串木野市がこの地に建てたもので、船を模したしゃれた外観と2階建ての豊富な展示が特徴である。長沢関係の資料は第1次資料を中心に１００点を超えるものがあり、特に、門田先生の言によれば長く行方が分からなかったニューヨーク時代の自筆の日記が、すでにかなり前に門田先生により翻刻されていたとはいえ、重要である。この記念館で一番多い数だと聞いている長沢資料については、筆者がサンタローザにある鹿児島友好協会を紹介したことが集まるきっかけになったと聞いており、うれしいことだ。２０１８年３月には入館者15万人を達成しており、喜ばしい。

２０１５年（平成26年）は薩摩藩英国留学生派遣１５０年を迎え、県内では様々なイベントが繰り広げられた。長沢も全国放送のテレビでも

長沢鼎展のポスター

薩摩藩英国留学生記念館の中

薩摩維新ふるさと博の長沢展示

取り上げられたりしてその知名度は増し、鹿児島サンタローザ友好協会も鹿児島市の明治維新150年カウントダウン事業に協力して、「薩摩維新ふるさと博」に「長沢ブース」を設置して彼の生涯を紹介するパネル展示を主催した。会員・役員・学生支部学生がシフトを組んでこれにあたり、山形屋デパートも長沢ワインを提供してくれて試飲会も同時開催することができたので、9日間で250人に及ぶ人々が訪れ、長沢に理解を深めた。

この年２０１４年（平成26年）11月２日には長沢の顕彰にとって記念すべき出来事もあった。それは「長澤鼎　本籍・生立ちの地碑」が鹿児島市下荒田町１丁目の甲突川右岸の松方橋と天保山橋の間の緑地公園に建立されたことだ。不肖筆者も説明文を書かせてもらったが、長沢がわざわざ新戸籍を置いた場所に建てられ、地元の八幡校区コミュ

除幕式の様子（中央は磯長純二氏）

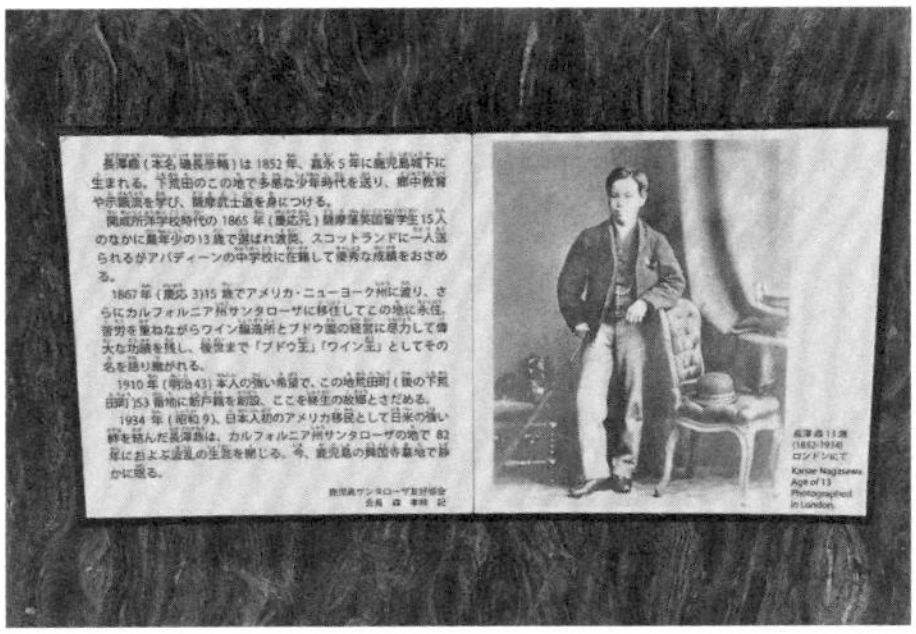

表の碑文（碑の裏側には英文の碑文がある）

2016.8.14 南日本

「ブドウ王」長沢鼎の功績を継承

ゆかりの株で新たなワイン

米在住・石窪さん（鹿児島市出身）醸造

米カリフォルニア州で「ブドウ王」と呼ばれた長沢鼎ゆかりといわれるブドウを使い、新たなワインが造られている。生産に携わった鹿児島市出身の石窪俊星さん(43)＝同州サニーベール在住＝は「異国の地で良質なワインを造り続けた、長沢の思いや功績を継承したい」と語る。

長沢 鼎（鹿児島国際大学所蔵）

薩摩藩英国留学生の一人だった長沢は米国に渡り、1870年代半ばにサンタローザのファウンテングローブでワイン醸造を開始。品種改良や土壌改良を進め、良質なワインを造り、経営者としてカリフォルニア・ワインの先駆者となった。

焼酎工場に勤務していた石窪さんは発酵・醸造の知識を深めようと渡米。カリフォルニア大学を卒業後の2008年、現地ワイナリーで職を得てワイン造りに励んできた。

ブドウ畑の一角に100本ほどカベルネ・ソーヴィニヨンの古株があり、13年に例年以上の収穫があったため、単独品種で醸造を行った。由来を調べると、1949年にファウンテングローブから移植したものと分かったという。

「当時は長沢のワイナリーしかなかったはず。古株が彼の農場から来た可能性は高い」と鹿児島サンタローザ友好協会の会長を務める森孝晴・鹿児島国際大学教授(61)。

8月初めまで帰省していた石窪さんは「私自身、境遇が重なる部分もあり、目標にしている郷土の偉人。これからも良質なワインが造れるよう精進したい」と語る。

ワインは「モンテベロ・ヒストリック・ヴァイン」（750ミリリットル、価格未定）と名付け、1500本限定で発売予定という。

（山田大真）

米カリフォルニア州で長沢鼎ゆかりのブドウの木を使ってワイン造りに精を出す石窪俊星さん（石窪さん提供）

長沢の樹が見つかったことを伝える新聞記事（南日本新聞）

ニティ協議会が尽力して除幕式にこぎつけたものだ。

下荒田周辺では子供たちも巻き込んだ長沢の顕彰活動が盛んに続けられており、２０１７年（平成29年）秋の募金活動においても積極的に取り組んだ。今後も活発な顕彰活動が期待される。

サンタローザにある鹿児島友好協会の会長は現在はスティーヴ・エイメンド氏であるが、２０１７年（平成29年）1月に前会長のファーン・ハージャー氏が96歳で亡くなった。サンタローザと鹿児島の交流を最初に始めた人であり、日本が好きで非常に寛容な人だった。長沢の顕彰と国際交流に尽くしたことで、駐サンフランシスコ総領事の表彰や日本からの叙勲も受けている。

２０１６（平成28年）の夏になると長沢の顕彰活動を大きく進める「奇跡」とも言え

る事件が起こった。すでに一部の成り行きについて触れたことだが、リッジワイナリーが１９４９年に密かにファウンテングローブから移植した長沢のカベルネ・ソーヴィニョンの樹が、それも同ワイナリーで働く鹿児島出身の日本人ワインメーカーによって発見されたという知らせがもたらされたのだ。筆者はすぐにそのワインメーカーである石窪俊星氏に会い、いきさつを聞いたが、すでに述べたような長沢のワイナリーやブド

長沢由来のブドウの樹と石窪氏（石窪夫人アニー・リー氏提供）

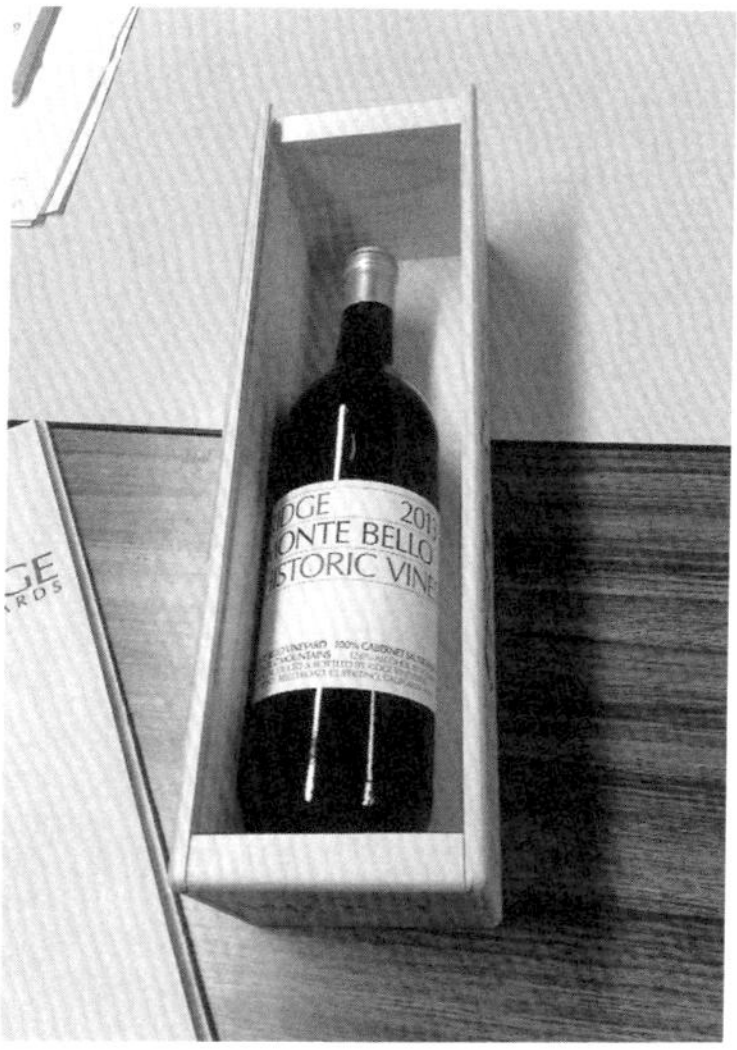

長沢の樹のブドウで作られたワイン
「モンテベロ・ヒストリック・ヴァインズ」

そのワインのラベル（左側の説明にファウンテングローブの名が出てくる）（Ridge Vinyards 提供）

ウ畑の１９４０年代の状況からして、ファウンテングローブから運んだことが間違いなければリッジの古木は長沢の育てた樹に違いないと判断した。

この年のうちに、鹿児島の大企業、日本ガス、南生建設、城山ホテル鹿児島などの経営者や病院長などが中心となって、長沢鼎を顕彰する新たな会の設立に動き始め、翌２０１７年（平成29年）３月に正式に「鹿児島カリフォルニアワインクラブ」（正式名は「ブドウ王バロン長澤を顕彰する鹿児島加州葡萄酒倶楽部」津曲貞利会長）が発足した。筆者は顧問となっているが、同クラブは２０１８年の春までに何度も例会を開き、カリフォルニアワインを楽しみつつ長沢鼎を学びその偉業を伝えていこうという活動を続けている。２０１８年5月には城山ホテル鹿児島にワインバー「ザ　セラー　N　バロン・ナガサワ」がオープンし、長沢鼎顕彰の新たな拠点になろうとしているが、そのオープニングにはケン・イジチさんご夫妻が駆け付けた。この際ケンさんは鹿児島市在住の複数の御子孫とも対面し、長沢の墓参りもした。

エイミーさん

ケンさんご夫妻（ワインバーの前で）

ワインバー「ザ セラー N バロン・ナガサワ」

伊地知家、赤星家の人々（左端がケン・イジチさんの奥様のロクサーヌさん、その４人右がエイミーさん、その右隣りの６番が赤星ちはるさん、その３人右の９番がケンさん、一番右の 13 番が赤星映司さん）

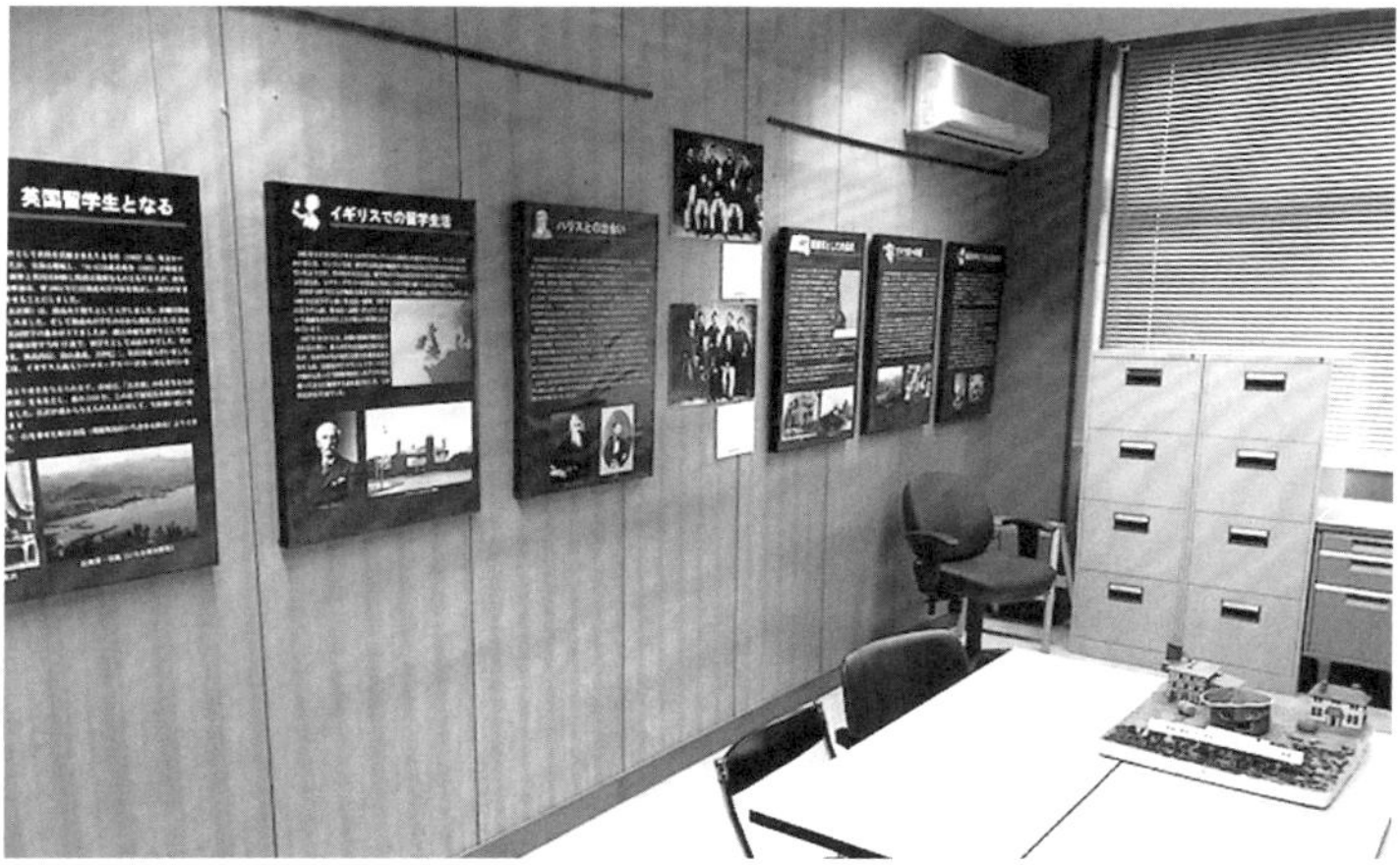

鹿児島国際大学の長沢鼎常設展示室兼資料室

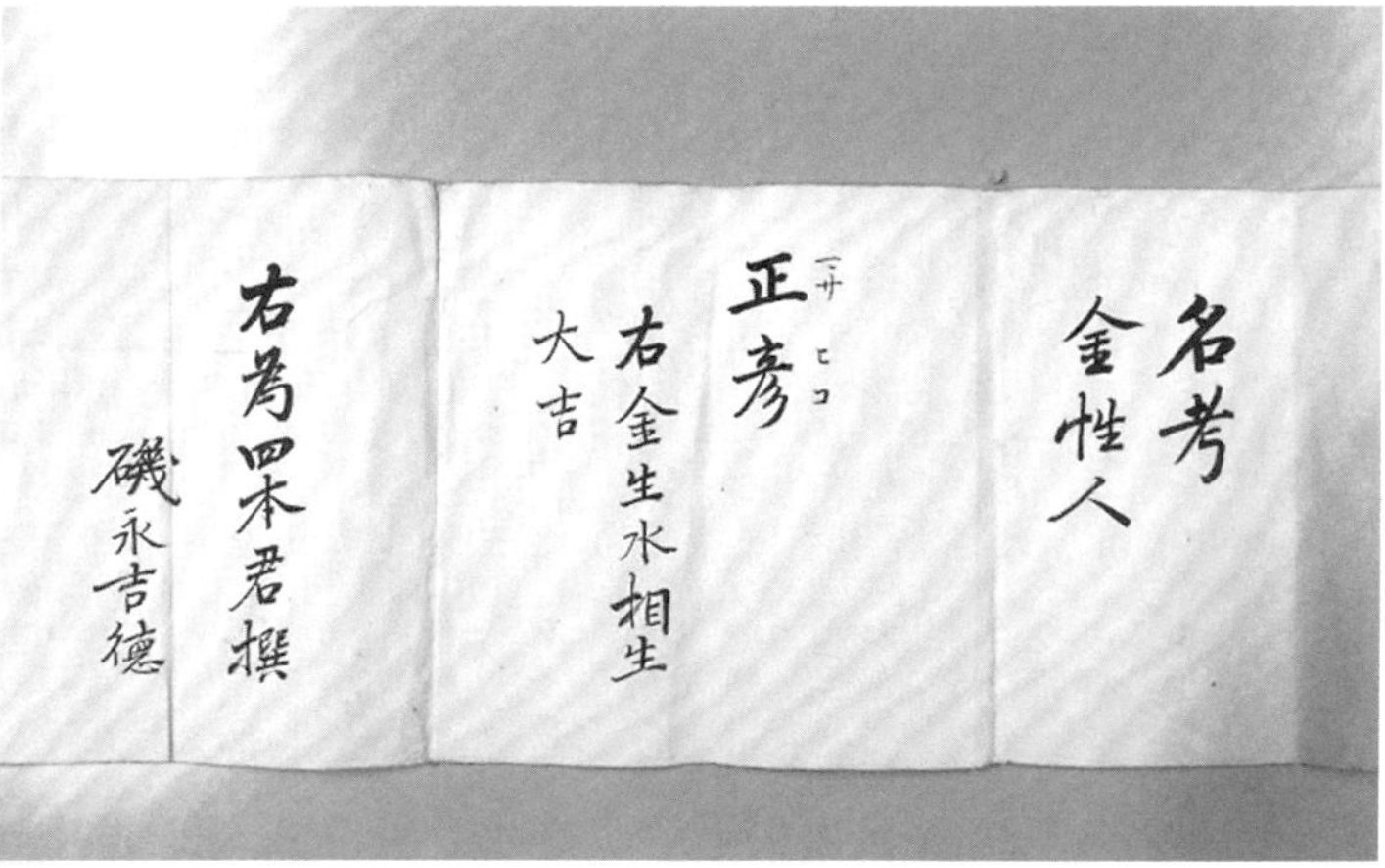

長沢の初の伝記や貴重な写真類とともに長沢展示室に所蔵されている長沢の祖父磯長吉徳が書いた命名書（野崎勉氏寄贈）

２０１７年にはもうひとつ記念すべきことがあった。鹿児島国際大学に長沢鼎常設展示室兼資料室が生まれたのだ。門田先生の資料に長沢の御子孫の野崎勉氏より寄贈された資料を加えた１００点を超える長沢資料とその他の資料も含めた４００点以上の資料をきちんと所蔵したうえで、許可を得れば資料の学習もできるスペースを備えた部屋になっている。

ところが、思いもかけぬ悲しい悲劇が起こってしまった。すでに前述したことでもあるが、２０１７年（平成29年）10月に北カリフォルニアで大規模な山火事が起こってしまい、強風にあおられて火は住宅地まで燃え広がり一般市民にも深刻な被害をもたらした。長沢のラウンドバーンは長い間、山へと続くファウンテングローブの丘に立っていたものの山火事の被害には遭わなかった。しかしこの年の風は今までにないほど強かったので、ひとたまりもなかったのである。

ラウンドバーンが失われたことはかえすがえす残念なことだったが、サンタローザ友好協会はいつかラウンドバーンが再建されることも祈りながら募金活動を行い、市民の関心も高まって多くの人々が募金に応じた。その結果３００万円を超える募金が集まることになり、学生支部（鹿児島国際大学）の学生たちが千羽鶴とビデオメッセージを送ったことと併せ、サンタローザの人々を喜ばせたのだった。２０１８年もＳＲＫＳＥＰ（サンタローザ側へ学生の送り出し）が実施されることになっており、両地の交流は今後も変わらず続いていくことになった。

長沢鼎は今も生きている。ラウンドバーンも我々の心に生き続けている。そう感じるのは私だけではあるまい。顕彰活動もますます盛んになりつつあるし、長沢が切り開いた国際交流や国際理解の必要性は衰えるどころかますます高まりつつある。彼の生き方はこれからも若い人々に多くのことを教え、彼らの生きる指針となるであろう。

長沢鼎の武士道精神について——手紙の下書きに触れて

1．長沢の武士道精神を語るエピソードについて

薩摩藩英国留学生の最年少学生・長沢鼎（１８５２—１９３４）はアメリカのカリフォルニア作家ジャック・ロンドン（１８７６—１９１６）に思想的・文学的影響を与えた可能性が高い。ロンドンは青年期から日本や日本的な精神に関心を持っていたし、長沢は、武士という階級が消滅した明治維新後では唯一生き残っていた本物の侍だったと言える。その長沢がロンドンの住む場所から目と鼻の先にいたわけだから、ロンドンが、地元では〈ブドウ王〉として知られていた長沢に強い関心を持たない方が不自然だと言えよう。

となれば、ロンドンが関心を持った長沢の武士道精神とはどんなものだったのか知りたくなるのは、鹿児島に住むロンドン研究者として当然である。カリフォルニア作家を主に研究する筆者が「カリフォルニアのブドウ王」長沢に関心を持ったのは１９８４年頃からになるが、ロンドンとの関係については、１９９７年頃に、長沢の縁によって設立されたサンタローザ市の鹿児島友好協会からヒントを得たことによって調べ始めたものである。

すでに筆者は、ロンドンが多くのいわゆる〈日本もの〉作品を書き、その多くが薩摩の武士道や自顕流の影響下で書かれていることを指摘してきた。それは日露戦争時の陸軍大将である黒木為楨（１８４４―１９２３）の影響でもあるのだが、長沢の影響をめぐっては、そもそも、たった13歳で渡英した長沢がまともな武士道精神を持っていたのかが疑われるだろう。

しかし調べていくと、驚くことに、長沢が13歳までにいかに薩摩武士道を身につけ、いかにそれを生涯をかけて守り通したかが分かってきたのである。むしろ、それゆえに彼は日本には帰らなかったとさえ言えるし、それゆえにたった13歳で留学生に選ばれたのだとさえ言えるかもしれないのである。まず長沢は、日本を発つまでの幼少期に鹿児島の特異な教育制度である〈郷中教育〉を十分に受けて育ったのである。薩摩藩は全国でも最も武士の比率の高い藩の一つであったし、厳しい薩摩武士道を代々伝えてきた歴史がある。郷中教育の中では先輩たちが後輩に厳しく書を読ませ、自顕流を教えて鍛えた。長沢は特にまじめだったようで、自顕流もかなりマスターしていたと言われている。

学問に熱心な家柄もあって、薩英戦争の直後に開設された開成所洋学校にすぐに入学した長沢は、相当目立って成績が良かったに違いない。でなければ13歳の最年少でありながら多くの学生の中から15人ほどの留学生に選抜されるはずがないからである。彼が

60歳代の長沢

13歳の長沢（ロンドンで撮影）

天才少年であったことは、イギリスに渡ってからのアバディーンでの2年間が雄弁に語っていることでもある。つまり、イギリス人中学生に混じって優秀な成績をあげて地元の新聞に成績優秀者として掲載されていたし、その科目は一つや二つではなく、そこには英語さえ含まれていたのである。

こうして若くして薩摩武士道をほぼマスターした上で世界に飛び出した長沢の武士道精神を物語るエピソードを紹介しよう。まず今に残されている彼の多数の写真を見てみると笑った写真がないことが分かる。歯を見せて笑っている写真は1枚としてなく、少し微笑んでいるような写真もほとんどない。ほとんどすべての写真が、苦虫をつぶしたようにきりっと口を真一文字に結んだ写真である。これは薩摩武士の武士たるゆえんだろう。歯を見せて笑ってはならないのである。

次に、長沢は1910年（明治43年）に今の鹿児島市下荒田町に新戸籍を作っているのである。58歳の時である。これは何を意味するだろう。この頃に長沢がアメリカ国籍を申請したらどうなったかは定かではないが、彼にはそんな気はさらさらなかっただろう。アメリカ人になろうなどとは思ってもいなかったのだと思われる。彼はその命が尽きるその時まで髪の毛の1本まで薩摩藩士だったのである。その証拠に新戸籍を作ったのであり、注目すべきは、この戸籍に記す自分の名を〈長沢鼎〉としたことである。

実は、薩摩藩英国留学生一行は1865年に渡英する際、この留学が幕府の鎖国政策に反するため、藩主からそれぞれ変名を与えられたのである。長沢の本名、すなわち親からもらった名前は〈磯長彦輔〉であるが、彼は生涯変名を使用した。したがって戸籍名を変名の長沢鼎としたのには大きな決意が込められているのだ。要するに、親からもらった名前より藩主に貰った名前の方が当然大事だということを示し、生涯薩摩藩士で通すことを宣言したものである。因みに、19人の薩摩藩英国留学生一行のうち明治維新後も変名で通したのは長沢と松村淳蔵と朝倉盛明（変名は正確には朝倉省吾）だけであ

農園を見回る長沢（写真左側）

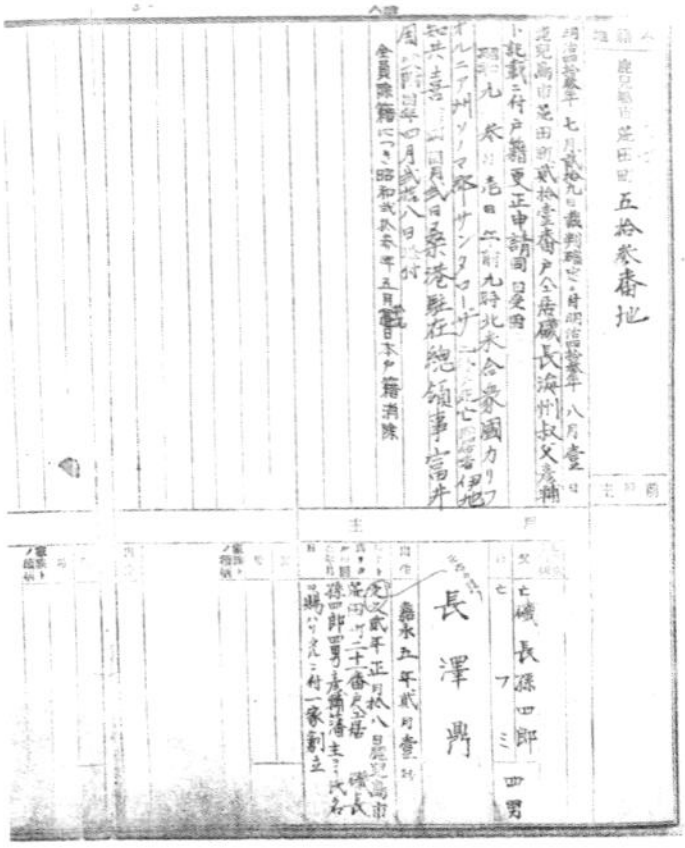

鹿児島市荒田町五拾参番地

明治四拾参年七月弐拾九日裁判確定ニ付明治四拾参年八月壹日鹿児島市荒田町弐拾壹番戸全戸磯長海州叔父彦輔ト記載ニ付戸籍更正申請同日受附

昭和九年参月壱日午前九時北米合衆国カリフォルニア州ソノマ郡サンタローザ[illegible]死亡[illegible]桑港駐在総領事富井[illegible]四月弐日受付

全員除籍につき昭和弐拾参年五月[illegible]日本戸籍消除

父 亡磯長孫四郎 四男

長澤鼎

出生 嘉永五年弐月壹日

長沢の戸籍

る。

長沢は、明治の末に島津家の島津忠重がサンフランシスコを訪れた時に馬車で迎えに行き、長沢邸に到着すると門前において土下座して忠重を迎えたと言われている。おそらく実際にそんなことがあったに違いない。これも彼が終生薩摩藩士であった証しである。また、ディアボーン・インディペンデントという新聞の記者が、将軍家伝来と言われる刀を長沢が引き抜くところを目撃した時のことを語っているが、その動作はとても素早く激しかったそうである。これが自顕流に特徴的な〈抜き〉でなくてなんであろう。自顕流の特徴は〈スピードとパワー〉である。それも圧倒的な速さと剛力である。

長沢はファウンテングローブ農園を見回る時、正装しシルクハットをかぶっていた。事実そういう写真が残っている。そしてそういう威厳ある態度が近隣住民の尊敬を集め、〈ブドウ王〉と呼ばれることになるのである。長沢の武士道についてはさらに後述するが、笑わない、すなわち隙を見せず常に毅然とした態度で過ごすこと、忠君の思い、すなわち藩主への忠義を貫くこと、武士らしい知性と武術を保つこと、そして日常であっても身なりを整え威厳をもつこと、こうしたことを見てくると確かに長沢が生涯薩摩武士であり続けたことが分かる。長沢は最後の武士のひとりだったのである。

2. 長沢鼎の手紙の下書きとそこに込められた思いと精神

２０１１年12月に鹿児島県いちき串木野市の職員奥ノ園陽介氏と砂田光紀氏が渡米し、サンタローザにおいて長沢の一次資料を大量に入手し持ち帰った。その中に存在は知られていたが長くその所在が不明だった長沢の日記の原本が含まれていた。これは筆者にとって驚きであった。実は、１９８０年にこの日記の全文を翻刻・発行し、その全文の邦訳も１９９４年から98年にかけて発行していた故門田明鹿児島県立短期大学名誉教授も、この日記の原本は見たことがなかったのだ。日本における日記の翻刻・発行は

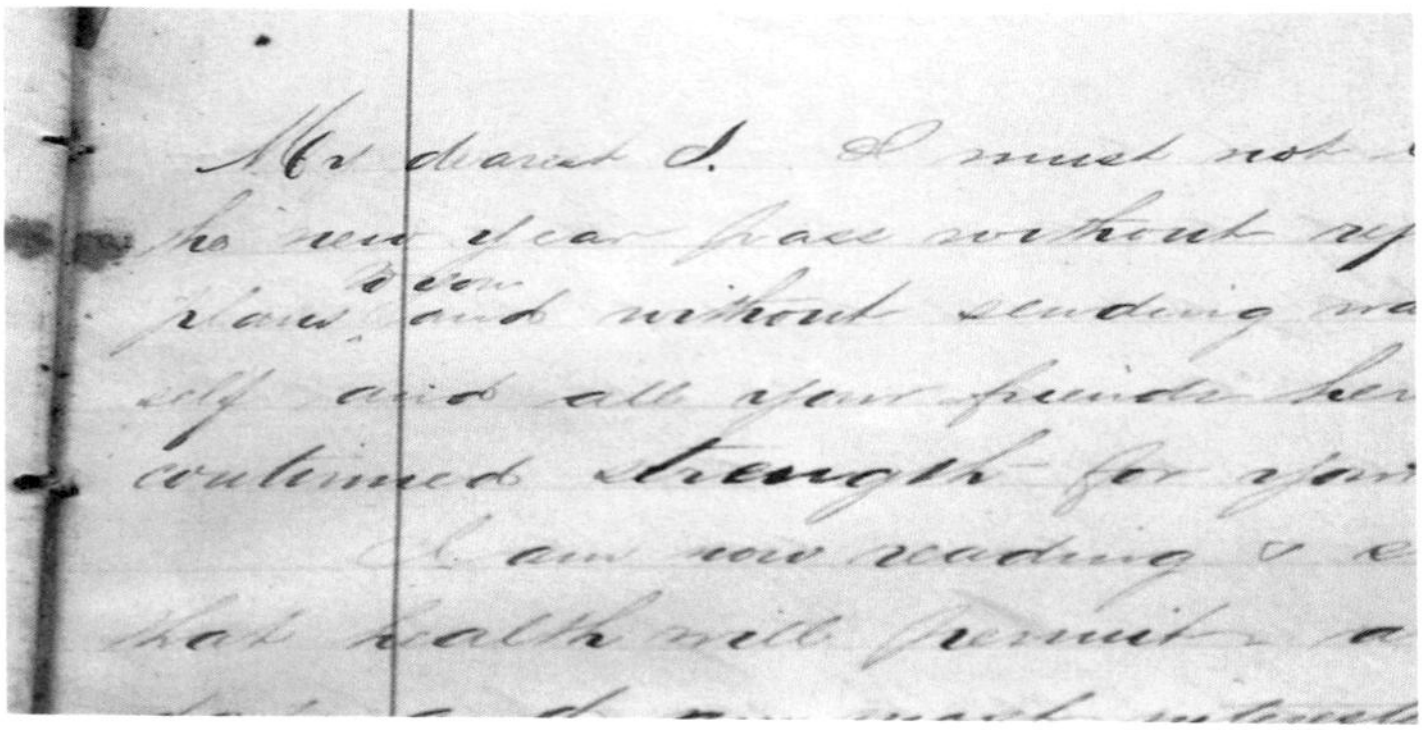
My dearest S. I must not
the new year pass without
place, and without sending
self and all your friends
continued strength for your
I am now reading &
that health will permit

（いちき串木野市保管）

現地の研究家ゲイ・ルバロンの翻刻を元になされたのである。

この日記は長沢がブロクトン滞在中の19歳の時に1871年1月1日から4月23日まで書きつづられたものであるが、今回持ち帰られた日記を見てみるとまず第一に長沢の書く文字の美しさに驚く。また、さらさらと書かれた筆跡を見ると、いかに彼の英語が流暢かも容易に知れるのである。しかし、この原本には門田明先生が翻刻しなかった部分があった。それは日記本文の最後の日（1871年4月23日）の日記の後に書かれた彼の手紙の下書きであった。

詳しくは後述するが、門田氏はこの下書きについてすでに著書の中で触れている。したがってこの下書きが付属していること自体は新しい発見ではない。美しい割には読み取りにくい長沢の英語だが、まずはここに下書き原文の一部を写真で紹介する。

長沢の慣れた筆跡が感じられるし、活字に慣れている我々には芸術性さえ感じさせるのではないだろうか。ただ、なかなか読みにくい字もあり解読には時間を要する部分もあるのは事実だ。

そこで、筆者は、いちき串木野市から長沢の手紙の下書きを原本からのデジタル原稿の形で提供してもらい、２０１２年２月中旬から鹿児島国際大学国際文化学部のデイビッド・マクマレイ教授と共同でその翻刻の作業を行った。作業は2月25日に終了したが、ここに原稿の全文を翻刻して掲載する。

My dearest S. I must not let this first month of the new year pass without reporting myself and my plan to you and without sending warmest greetings from myself and all your friends here with wishes for your continued strength for your true service. I am now reading and studying all the time that health will permit -- about seven hours a day and am most interested in reading works of Mr. Harris selection giving the history of the conquests of the so called Christian races over the less dominant peoples of the globe and studying the effect produced upon the conquered races by a religion of force and ceremonies without an unwilling spirit of brotherly love and charity.

Of course I always have the pain of feeling that our government is not satisfied that I am not devoting myself more entirely to book learning and the acquirements of some especial branches of science, but there are plenty of others who are doing that · We are an inquisitive people and quick to learn but, what we need most it seems to me to be a deeper knowledge of the underlying structure of Human Society. The intelligent observer must see that the present social and religious systems of the Christian world are passing through great changes and Japan would gain little by adopting blindly the knowledge that are being proved by deeper weight to have served their purpose and are being cast aside as a worn out garment. Therefore I conscientiously feel that I am being better prepared for future usefulness by the special training that I am receiving here that I could possibly be anywhere else and this I believe you concur so and I only go over the ground in case any solicitous friends in the Embassy are interested in knowing my present feelings.

If you should feel like bringing to Salem or Eve any of the gentlemen who you think would be glad to hear from Mr. Harris' life his views of the present condition of European and American social and political affairs he would be very glad to talk with me.

これは、1871年の4月頃（19歳）に長沢が、薩摩藩英国留学生の同志でのちの初代文部大臣である森有礼（1847—1889）——1868年6月にすでに帰国済み——に宛てて書いたものだ。最初のMy dearest SのSというのは沢井鉄馬（変名）、すなわち森有礼のことである。

では、この手紙の内容を見てみよう。最初のパラグラフでは、自分は今年の正月に森に自分のことや自分の計画について報告すべきだったし、彼の幸せを祈って温かい挨拶を送るべきであったと反省している。第2パラグラフでは近況報告をしており、すなわち、自分は今一日に7時間、健康の許す限り読書をしている、そしていま最も関心を持っていることが2つあると述べている。その2つとは、一つは、師であるトマス・レイク・ハリスの著作を読むことであって、その内容は、いわゆる〈キリスト教人種〉が地球において劣勢な人民を征服した歴史についてである。また二つ目は、力と儀式の宗教によって征服された民族にもたらされた結果について研究することである。

第3パラグラフがもっとも長く重要な段落である。この段落の中で長沢はまず、自分が書物を読んで学んだり、何か特別な分野の科学を習得したりすることに完全には専心していないではないか、しかし一方でそれをしている人は他にもたくさんいるではないかと明治新政府が自分に不満を持っているだろうと感じて、いつも心を痛めていると言う。さらに彼は、日本人は知識欲のある国民で覚えも早いが、我々日本人が必要としているのは人間社会の基礎をなす構造についてのより深い知識だと思う、と語る。

続いて長沢は、知性的な観察者というものは現在のキリスト教社会の社会的・宗教的なシステムが大きな変化を経験しつつあることを理解すべきであり、日本は、もはや用済みになっている知識や着古した服のように脱ぎ捨てられた知識を盲目的に身につけてみても得られるものはほとんどない、と説く。そして、したがって、と彼は続け、今受けている特別な訓練によって将来より役にたてる人材になる準備を自分は続けているところで、それにより自分はどこへでも行けるようになるだろう、と述べた後、森が自分に同意してくれると信じている、誰か友達が自分の今の心境に関心を持ってくれるなら自分はただこの地を越えていくだけである、と語ってこのパラグラフを締めくくっている。

最後の第4パラグラフは森への呼びかけで、もし森が、ハリスから現在の欧米の社会的・政治的状況について聞きたいと言う人を連れてくる気があるなら、自分とハリスは喜んで話し合ってみるつもりだ、と言って筆を置いている。ただし、結語が見当たらないので、実際の手紙はもっと長かった可能性がありそうだ。上でも記したように、門田明先生は著書『カリフォルニアの士魂』の中でこの手紙に触れていて、第3パラグラフの自分が怠惰に見えているのではと長沢が心を痛めている部分と日本がキリスト教社会から得るものはないと言っている部分を紹介している。そしてそれを受けて、

二十才にも満たぬ年令で、長沢はこういう成熟した考えを身につけていた。この引用の原文は、長沢自身英語で書いたものであるが、彼がいかに聡明であり、卓抜した学習能力を持っていたか、これを読むだけでも明らかである。(門田・ジョーンズ1983：99-100)

確かにこの手紙にあらわれる長沢は、孤独な外国暮らしの中でも成熟した考えを持つまでに成長した聡明な青年である。

筆者もこの手紙を分析してみよう。まず第1、第2パラグラフにおいては、長沢の森

への思いとハリスへの思いが吐露されるとともに、自分が精力的に勉強していることを訴えている。自分はさぼっているわけではないことを強調し、次のパラグラフの傷心の告白につなげている。ハリスの著作を読んでいるという部分に彼への敬慕が表われ、それは最後のパラグラフに見える尊敬心につながっていく。

門田先生も紹介しているように、そして筆者もすでに指摘したように、第3パラグラフは最も重要である。長沢の日本と日本人に寄せる熱い思いが見出せるし、言いかえるとそれは長沢の武士道である。彼は、日本人は知識欲があり覚えも早い優れた国民だとの確信を持っているが、しかし今の（明治初めの）日本は欧米の変化に気付かずに欧米の古い知識や価値観にとらわれているといつか置いていかれてしまう、と危機感を表明し助言して、日本がそうならないために、すなわち自分が日本を救うために、有為な人材になろうと日夜訓練に励んでいるのだと自己を肯定する。これはまさに武士道の象徴のような薩摩藩に生まれ育って藩主の命で世界に飛び出したサムライの責任感なのではないだろうか。

第3パラグラフの締めくくりは、友が自分に関心を持ってくれれば私はこの地を飛び出す、というようなことを言っている。原文の英語ではI only go over the ground……である。この言葉をどう解釈するかは難しいところだが、そしてこの時期はちょうど長沢がアメリカ永住を宣言する時期に重なるのだが、一生懸命訓練している自負もあって請われれば自分はブロクトンから世界へ飛び出す用意があるという意味ではないだろうか。それは日本に帰国してお国のために役に立つという可能性もあるという含みもありはしないか。それはともかくとして、長沢は4年後の1875年には満を持してハリスと共にカリフォルニアという新天地・開拓地に飛び出すことになる。この時彼は薩摩藩士として世界に打って出るような興奮を感じたのではないだろうか。

第4パラグラフは、日記本文にあふれているハリスへの思慕と尊敬に満ちている。ハリスの話は非常に有益だから森や周囲の人がぜひ聞くべきであるから、連れてきなさい、自分が間に入ってやる、と言っているように思われる。この頃の長沢はハリスへの敬意においてはいささかの迷いもなく、彼の思想に触れることが多くの人の成長につながる、日本人や日本が彼の思想を知ることで薩摩藩出身者が実権を握る新政府の正しい発展にもつながると、信じていたのではないだろうか。日本に住む日本人以上に日本を思い、自分が武士であることを決して忘れない長沢鼎の武士道精神がここにある。

全体を見てきて思うのはそのことである。若き長沢の心は複雑であったろうし、仲間がみな帰国して揺れていただろう。日本や鹿児島への郷愁はとても強かったはずだ。しかしそれを表に出すこと、つまりあからさまに顔に出し言葉にすることは武士道に反するのだ。手紙にはそこはかとなく彼の郷愁は現れているように思われ、自信と強がりが交錯しているようにも思われる。短い手紙だが、親友の森に宛てたものでもあり、長沢の本音が見え隠れしているとみてよいだろう。

3．長沢鼎の武士道

武士道では「武士たるものは、足を伸ばして仰向きに寝てはならない」（氏家2012：66）のである。常に警戒しなければならないからで、死の覚悟が心得の中でも最重要だからだ。見苦しくない死を遂げる覚悟が重要なので、「切腹はもっとも武士らしい行為」（氏家2012：144）ということになる。女性の行動とはいえ、ロンドンの初期の短編「お春」（1897）の結末は、〈もっとも武士らしい行為〉を彼の執筆人生の極めて早い段階で描いたものと言えよう。また、武士には〈寡黙〉が重要である半面、〈武士の面目〉のためには言葉を惜しんではならない。長沢は非常に寡黙な人であったようだし、そういえば、ロンドンの短編「恥さらし」（1908）の主人公スビエンコウは、読者からすればくだらない虚言を並べ立てながら、結局は介錯に似た形で醜態をさらすことなく死んで行くことができた。「〈武士道〉をまっとうするには、ときには己の生命をも〈義〉や〈名〉のためには、投げ出さねばならない厳しさや凄まじさがともなった」（加来19

９７：１１５）わけだが、江戸時代の太平の世の中にあっても、本来の厳しい〈武士道〉を守りこれをさらに厳しくしたのが薩摩の武士道であった。

薩摩藩は全国平均の５倍以上という武士の比率の特に高い藩で、19世紀中葉で20万人の武士がいて藩の人口の４人に１人が武士だったが（今吉・徳永２０１２：98、星２００８：77）、それだけに薩摩の武士道は日本の武士道を代表するような厳しく典型的なものであった（加来１９９７：56）。〈薩摩士道〉または〈薩摩士風〉と呼ばれるその武士道は西郷隆盛にその典型を見る人が多いが、長沢は西郷よりはるかに先まで生き、しかも外国のカリフォルニアで厳しい薩摩士道を守って生きた〈最後の武士（ラストサムライ）〉であった。では、自顕流に集約されるこの長沢の武士道とはどのようなものだったのだろう。

鹿児島には昔から「男あ三年に片頬（かたふ）」ということわざがある。男は三年に一度片頬だけ笑えということだが、長沢はいつも口をきっと結び、めったに笑顔を見せない男だった。他にも「山坂達者」「泣こかい跳ぼかい、泣こよっかひっ跳べ」「負くっな。嘘を言（ゆ）な。弱え者（よえもん）ぬいじむっな」というような言葉がよく知られているが、それぞれ、体を鍛えろ、勇敢に行動せよ、負けてはいけない、などと〈強さ〉を強調するものが多いのが特徴だ（橋口２００９：１３４-１４４）。ちなみに、最後の「負くっな。…」は、郷中（ごじゅう）教育のスローガンだが、この教育は「潔さと勇敢さ、弱者へのいたわりといった寛容に通じるすべてを、身をもって知らしめ養うもの」であり、「したがって、臆病を最も卑しみ嫌忌する」のも大きな特徴だった（加来1997：60）。〈寛容〉といえば、西郷隆盛は〈武士道的寛容さ〉〈度量ある寛容さ〉を持っていたが、これは同様に郷中教育を受けた東郷平八郎や大久保利通や、ロンドンが出会った黒木為桢（ためもと）にも共通しているという（加来1997：55）。この中に長沢が入ることは言うまでもないが、さらに、黒木と長沢の共通点として見るとき、この〈武士道的寛容さ〉はロンドンの短編「戦争」（1911）に描かれる〈武士の情け〉的な描写を想起させる。

〈質実剛健〉を旨とする〈薩摩士風〉は、忠孝仁義をもとにして実践を重んじるもので、薩摩の気候・風土や薩摩人の気質（激しさ、諦めの良さ、明るさなど）が育んできた（宮下2009：16，39）。これは自顕流の誕生にもつながっており、「（自顕流は）なんとも凄まじい剣法だが、薩摩藩では郷中制度にこの自現流の修行を組み込み、少年時代から心身の剛毅を育んだ」（加来1997：61）。したがって、すでに黒木を巡る論文の中で触れたように、自顕流に見られる〈速さ〉と〈強さ〉そして〈意地（刀を使う際の気概・激しさ・厳しさ・強い覚悟など）〉が薩摩士道の本質である。

では長沢はこうした薩摩士道をどのように身につけたのであろう。彼は、13歳で渡英するまでに、薩摩藩（鹿児島）の徹底した武士育成教育である郷中（ごじゅう）教育を強力に受け、全国に知られた薩摩の秘剣である自顕流を修めた。郷中とは町の小さな区割りのことであり、現在の校区に近いものだ。郷中の学校は薩摩藩の教育システムの基礎部分をなしていて、若者たちに薩摩の武士道精神を叩き込んだ。このシステムの第一の目的は郷中内部の結束意識を生みだすことである。第二の目的は子どもたちを教養ある大人に育てることであり、そのため子どもたちは、朝6時から夜6時まで、読書や団体行動や教訓歌を学び、武芸の練習を行った。子どもたちが武士道に従って様々な日常的状況に対処できるようにするために、武士としての常識を養うことに主眼が置かれている。

剣術はまた郷中において重んじられた。これは武士たるものの実戦に備えた準備で、郷中の学校の第三の目的であった。剣術としての自顕流は、薩摩では最も主流の剣法だった。その教義は「剣の目的は敵を攻撃することなり、自己を守ることにあらず」であり、スピードと腕力が身上で、これは全くもって攻撃的な剣法である。熟練した者はお互いに剣をぶつけ合いながら走るが、その様はまるでツバメが飛ぶように見える。たとえ1秒であろうが気を散らしたなら、結果は手ひどいけがを負いかねない。

ジャック・ロンドンに対する薩摩武士の影響——長沢鼎の場合

1．薩摩武士とジャック・ロンドン

日露戦争時の陸軍大将黒木為楨（くろきためもと）（1844—1923）と薩摩藩英国留学生長沢鼎（ながさわかなえ）（1852—1934）がジャック・ロンドン（1876—1916）に出会い彼に影響を与えた関係は偶然と言ってもいい。日露戦争の取材のために来日したロンドンが黒木の率いる第1軍に従軍することになったのはたまたま軍部がそう指示したことによるものだし、長沢はトマス・レイク・ハリスに導かれるままロンドンのいるカリフォルニア州ソノマにやってきたにすぎない。しかしそこには歴史的必然性があったという言い方もまたできる。つまり、日露戦争時の日本軍には戊辰戦争に勝利した薩摩の軍人が多数参加していたという背景があるし、それより約40年前に薩摩藩は鎖国中にも関わらず世界の技術を学ばせるために、長沢らの留学生を日本でも最も早い時期にイギリスへ（そしてアメリカへ）と送ったという歴史があるのだ。

薩摩（現在の鹿児島）が幕末から明治の初めにかけて日本において中心的な存在だったことが多少なりともロンドンを薩摩に近付けたと言えようが、彼は薩摩武士に出会う前から日本や日本人、または武士道にある程度関心を持っていたことも事実である。短編「おはる」(1897)が書かれたのはロンドンが薩摩武人に出会う前のことだからだ。しかし、黒木や長沢に出会ったことが彼の日本や武士道への関心を増幅させたことは容易に理解される。なぜなら、日露戦争従軍後すなわち長沢と出会って以降に書かれた〈日本もの〉の方がそれ以前よりはるかに多く、そこにはロンドンの日本ものの中でも、日本への関心がより鮮明になる短編「比類なき侵略」や「戦争」、それに未完の遺作『チェリー』が含まれているからである。

黒木との関係についてはすでに別の論文で論及しているので、この論考では主に長沢とロンドンの関係について概観し、二人が実際にはどの程度接触しているかを追究して、影響力について論じていくことにする。ただ、具体的な論述の前に押さえておくべきことが2つあると考える。一つは、ロンドンが青年期から日本に深い関心を持ち、生涯を通じて〈日本もの〉を書き続けたことである。その数は10作を越え、それ以外にも日本的な哲学が感じられる作品もいくつも存在するわけで、彼の日本や日本人への関心の強さが感じられる。

あと一つの押さえるべき点とは、そのようなことを述べるとアメリカの研究者などから、ロンドンはエッセイ「黄禍論」なども書いて日本を批判していたではないか、彼はむしろ人種主義者で反日主義者だったのではないか、と反論が寄せられることだ。しかし、これについてもすでに論じたことだが、日本を警戒するよう警告するロンドンのこうした主張と日本や武士道への彼の強い関心は必ずしも矛盾しない。簡単に述べると、従軍記や「黄禍論」などに見られる主張の核心は、不可知的なものへのロンドンの畏怖であり、集団としての日本人や国家としての日本は何をするかわからないところがありアメリカを脅かす可能性があるので甘く見てはならない、というまさに〈警告〉である。しかし、このような主張の底流にはロンドンが惹きつけられるような日本人の実直さや精神力への強い関心があり、それがあるからこその主張だともいえるのだ。

ところで、薩摩武士のロンドンへの影響というものは、文学的影響、すなわち日本人がストーリー展開のうえで題材として面白いという関心というだけではなく、自称無宗教主義者で人種的な純粋さを重んじるロンドンにとっては自分の価値観にさえ関わる思想的影響でもあった可能性が高いと思われ、この点でもただの異国趣味あるいは日本趣味と言って片付けることのできない関係であると言えよう。またこの影響関係がさらにおもしろいのは、薩摩武士の影響を受けたロンドンから薩摩の（鹿児島の）複数の文学者が文学的・思想的影響を受けていることだ。このことについては別の論文で詳しく触れたが、併せて考えるとこれは壮大な影響関係であることが理解されよう。

2. 長沢とロンドンの出会いと関わり

長沢とロンドンが出会っていたとする状況証拠はたくさんあり、ここではまずそれを提示し、そのうえで長沢の死亡記事を提示してその信憑性を検討したい。ロンドンが〈ブドウ王〉〈ワイン王〉として知られた長沢の存在を知っていたことはその死亡記事がなくとも明らかなことであり、武士道精神を残している人物が身近にいることに強い関心を持ったであろうことは疑う余地がないからだ。[1]

ジャック・ロンドン（1876—1916）は、代表作『野性の呼び声』（1903）によって一躍人気作家になった直後の1904年に、カリフォルニア州ソノマ郡の（サンタローザの隣町である）小さな町グレン・エレンに移り住んだ。そして1905年にグレン・エレン山中に広大な土地を買って定住することになると、その後も徐々に土地を買い足して一大農園を作り上げていった。ロンドンはここで何人もの日本人を好んで雇って使用人としていたし、彼らを大変信頼して重用したが、ロンドンの死を看取ったのもそのうちの一人だったのである。

ジャック・ロンドンは知日家だった。ロンドンは2度来日し、1回目は1893年、2回目は1904年、そして実現はしなかったが、亡くなる2年前にもう一度来日する計画があった。1893年には漁船員として父島と横浜を訪れている。17歳の時だった。1904年、28歳の時には、新聞社の特派員として再来日し、日露戦争（1904―1905）を取材した。このとき彼は、横浜、神戸、長崎、門司、そして小倉を訪れていて、その後朝鮮半島に向かっている。

ロンドンは日本と日本人に強い関心を抱く作家だった。彼はいわゆる〈日本もの〉を生涯にわたって書き、カリフォルニアの自分の農園では、ナカタ・ヨシマツ、関根時之助、世良誓といった日本人使用人を重用した。ロンドンは、明治時代の末（1900年代）から昭和の初め（1930年代）まで日本で人気のある作家であったし、現在でも多くの作品が翻訳などを通して日本人に読まれている。

多くの社会活動家や作家たちがロンドンに強い影響を受けてきたが、彼がもっとも大きな影響を与えた作家は、日本の二大動物作家である戸川幸夫と椋鳩十である。動物作家であるとともに児童文学作家でもある椋は、鹿児島に住みそこで亡くなったので、ロンドンは椋を通して鹿児島の文学に好ましい影響を与えたとも言える。

ロンドンにはまた、偶然にも同じ鹿児島で生まれカリフォルニアで亡くなったサムライの知人がいた。それは長沢鼎だ。長沢は、アメリカに渡って永住した初の日本人移民である。彼は大きなワイナリーを経営していたので、北カリフォルニアでは〈ブドウ王〉として知られた非常に有名な日本人だった。彼のワイナリーは全米でも十本の指に入るほど大きなもので、ロンドンが暮らして亡くなったグレン・エレンの隣町であるサンタローザで大成功を収めた。

サンタローザとグレン・エレンを含むソノマ郡は、ジャック・ロンドン・カントリーとして知られている。ここには、ジャック・ロンドン州立歴史公園やジャック・ロンドン財団が存在し、サンタローザは長沢鼎の縁で鹿児島と友好関係にある。

長沢鼎は、1852年に鹿児島城下（現在の鹿児島市）で下級武士の子として生まれ、鹿児島特有の郷中教育を受けて育ち、有名な剣術である自顕流を学んだ。彼は、明治維新の3年前の1865年、13歳の時に薩摩藩主より留学の命を受けて、他の18人の武士仲間と共にイギリスへと旅立った。日本でも最も早い時期の留学生、いわゆる〈薩摩藩英国留学生〉である。

長沢はその後、1867年に他の5人の仲間と共にさらにアメリカに渡ったが、しばらくして彼以外は全員日本へ帰国した。それから、一人アメリカに残った長沢は、1875年、23歳の時に彼の尊敬する指導者トマス・レイク・ハリスと共にカリフォルニア州サンタローザに移住し、丘の上にファウンテングローブ・ワイナリーを創立してワイナリー経営に乗り出す。長沢は、サンタローザに着いた直後に、著名な園芸家であるルーサー・バーバンク（1849―1926）や有名な詩人であるエドウィン・マーカム（1852―1940）に出会っている。1911年に事実上全ファウンテングローブ・ワイナリーの単独の所有者となった彼は、勤勉に農業、特にブドウの栽培や生育を研究し実践して成功し、〈カリフォルニアのブドウ王〉と呼ばれるまでになった。

一方ジャック・ロンドンは、1904年6月に日露戦争の取材から帰国したあと、28歳のときにカリフォルニア州グレン・エレンに移り住み、月の谷のソノマ山に広大な土地を購入して定住した。ここに落ち着くとすぐ彼は、化学的農業への情熱から、早くも1905年には、サンタローザ在住の世界的園芸家ルーサー・バーバンク（1849―1926、棘なしサボテンを作ったことで知られる）に農業に関するアドバイスを求める手紙を送っているし、また1910年以降は親しく何度もバーバンクを訪問している。その後ロンドンは次々と広大な土地を買い足して、ビューティー・ランチと名付けた巨大な農場を建設した。彼はここで〈農業小説〉を含む数々の小説を執筆する傍ら、一生懸命新しい科学的農業を勉強・研究し、それを実践した。家畜を飼育しワイン用のブドウやその他の作物を栽培しつづけたのだ。現在でも、彼の残したブドウ畑で採れたブドウで造られたワインは、〈ジャック・ロンドンワイン〉と名付けられ、高級ワインとして売り出されている。

左から
ルーサー・バーバンク
長沢
エドウィン・マーカム

したがって、1900年代初頭のカリフォルニア州ソノマ郡には、3人の著名人、つまり、世界的に有名な人気作家ジャック・ロンドン、〈カリフォルニアのブドウ王〉長沢鼎、世界的に著名な園芸家ルーサー・バーバンクが住んでいたのだ。バーバンクはロンドン、長沢どちらとも親しい関係にあった。ロンドンと長沢がバーバンクの家かどこかのパーティーあたりで実際に会って話をしていた可能性は高い。

バーバンクは1873年にサンタローザに住み始めているが、1875年に長沢がサンタローザに移ってすぐに二人は親しくなっている。バーバンクは、親友長沢としばしば農業について語り合ったし、ロンドンに農業を教え、ロンドンは頻繁にバーバンクを訪ねた。ロンドンと長沢は、いわば、バーバンクの生徒だった。サンタローザにあるルーサー・バーバンク博物館には、バーバンクと長沢が一緒に写った写真と、バーバンクとロンドンが

ロンドン30歳前後、農園経営本格化（右側）
（真ん中の人物がルーサー・バーバンク）↓

一緒に写った写真が展示されている。

そのうえ、有名な詩人のエドウィン・マーカムもまた長沢とロンドンに共通の親しい友人だった。マーカムは、長沢のファウンテングローブ・ランチとロンドンのビューティー・ランチの共通の客でもあった。マーカムは、長沢がマーカムに出会ったその同じころファウンテングローブの一員となり、長沢の農園に一時期住んでいて、農園を離れてからも生涯にわたって幾度もここを訪ねた。一方、マーカムは、１９０６年当時にはすでにロンドンの親友となっていた。こうしたことから考えて、ロンドンと長沢がワイン製造者や農業者として、また有名人同士として、お互いを知っていたことは間違いないだろう。

長沢鼎は、ソノマ郡とナパ郡のすべてのワイナリーを訪問して、だれとでも率直に言葉を交わした。ジャック・ロンドンは、農業についての情報を得るための多くの場所に出向き、さまざまな農業組織や実験農場と数えきれない書簡を交換した。ファウンテングローブ・ランチで長沢とディナーをするために多くの訪問客がやってきたし、実に多くの訪問客がロンドンのビューティー・ランチを訪れてディナーパーティーに出席したこともよく知られている。ロンドンのディナーパーティーにはルーサー・バーバンクや近隣の農業者も出席した。あるときなどは、若い日本女性が我がヒーローを一目見ようとグレン・エレンから歩いて農場に登って来たが、ロンドン一家は寛大な腕を開いて彼女を受け入れ、この女性は2週間先まで丘を下りて行こうとはしなかったという。ロンドンは、週1回、午後に、2頭の最も足の速い馬に引き具を付けて全速力で16マイルを走らせてサンタローザに出かけ、バーで酒を飲んだものだ。また彼は、ルーサー・バーバンクに会うために何度となくサンタローザを訪れた。

こう見てくると、ロンドンが実際に長沢に会い、バーバンクの家か彼らの農場で時に言葉を交わしたことはまず疑いない。実際に、1934年3月1日（長沢が82歳で亡くなった日）付の新聞の夕刊に載った死亡記事がそれを証明している。[2] そこには「晩年の有名作家ジャック・ロンドンがそこ（＝長沢の農場）をたびたび訪れた」と書かれているが、これは記者が当時直接取材して書いたものだからその信憑性は極めて高い。ロンドンと長沢はお互いに何度も会っていたのだ。そして二人は、知人同士としてしばしば、

長沢の死亡記事（ロンドンがしばしば訪れたことが記されている）

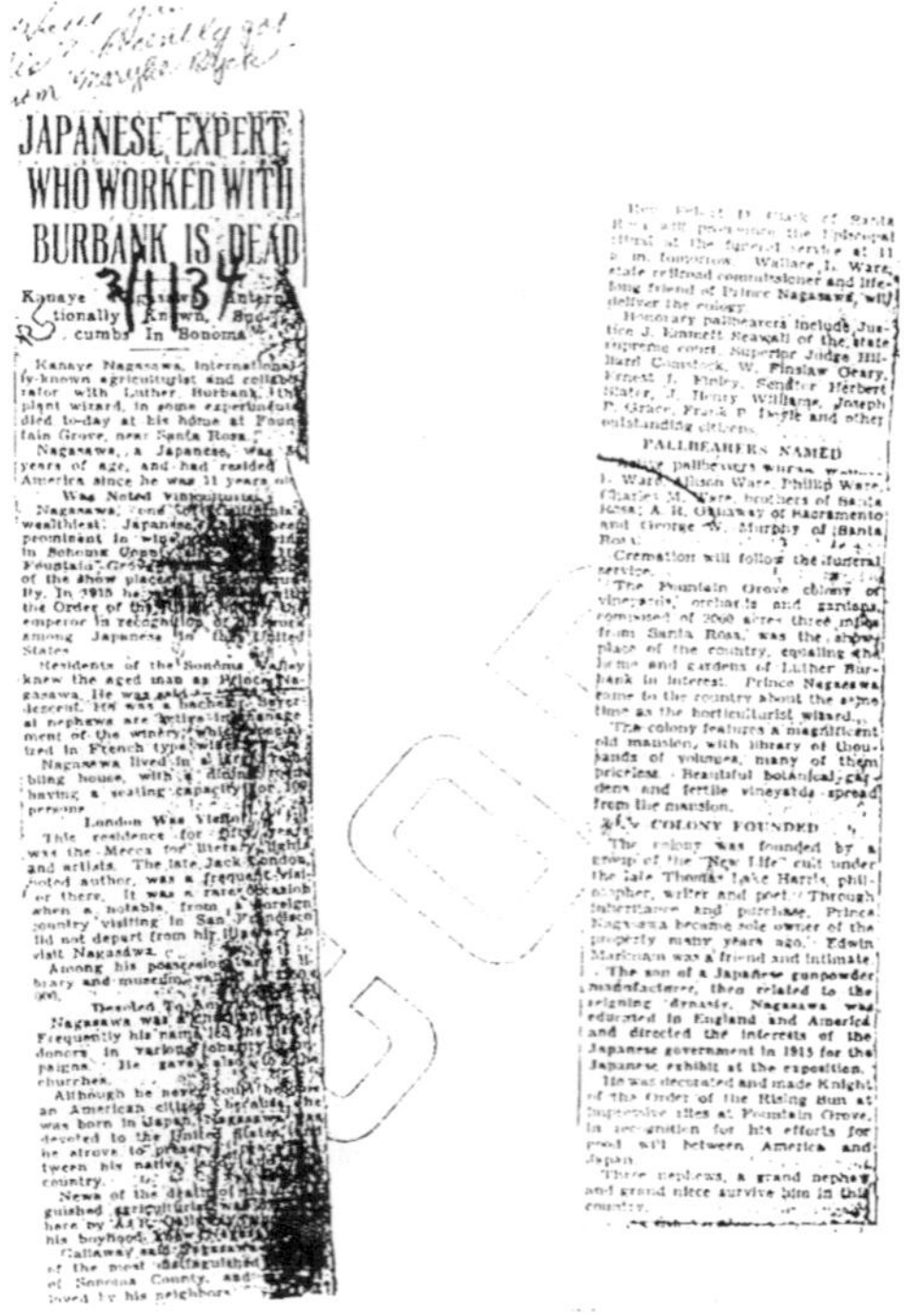

JAPANESE EXPERT WHO WORKED WITH BURBANK IS DEAD

3/1/34

Kanaye [illegible] Internationally Known, Succumbs In Sonoma

Kanaye Nagasawa, internationally-known agriculturist and collaborator with Luther Burbank, the plant wizard, in some experiments, died to-day at his home at Fountain Grove, near Santa Rosa.

Nagasawa, a Japanese, was [illegible] years of age, and had resided [illegible] America since he was 11 years old.

Was Noted Viniculturist

Nagasawa, one of [illegible] wealthiest Japanese [illegible] prominent in wine [illegible] in Sonoma County [illegible] Fountain Grove [illegible] of the show places [illegible] ty. In 1915 he [illegible] the Order of the [illegible] emperor in recognition of [illegible] among Japanese in the United States.

Residents of the Sonoma Valley knew the aged man as Prince Nagasawa. He was [illegible] descent. He was a bachelor. Several nephews are active in management of the winery, which specialized in French type wines.

Nagasawa lived in a [illegible] rambling house, with a dining room having a seating capacity for [illegible] persons.

London Was Visitor

This residence for [illegible] years was the Mecca for literary lights and artists. The late Jack London, noted author, was a frequent visitor there. It was a rare occasion when a notable from a foreign country visiting in San Francisco did not depart from his itinerary to visit Nagasawa.

Among his possessions [illegible] library and museum [illegible]

Devoted To [illegible]

Nagasawa was a [illegible] Frequently his name [illegible] donors in various charity campaigns. He gave also [illegible] churches.

Although he never sought to become an American citizen because he was born in Japan, Nagasawa was devoted to the United States [illegible] he strove to preserve [illegible] between his native [illegible] country.

News of the death of [illegible] guished agriculturist [illegible] here by A. R. Callaway [illegible] his boyhood [illegible]

Callaway said Nagasawa [illegible] of the most distinguished [illegible] of Sonoma County, and [illegible] loved by his neighbors.

Rev. [illegible] D. Clark of Santa Rosa will pronounce the Episcopal ritual at the funeral service at 11 a. m. tomorrow. Wallace L. Ware, state railroad commissioner and lifelong friend of Prince Nagasawa, will deliver the eulogy.

Honorary pallbearers include Justice J. Emmett Seawell of the state supreme court, Superior Judge Hilliard Comstock, W. Finslaw Geary, Ernest L. Finley, Senator Herbert Slater, J. Henry Williams, Joseph P. Grace, Frank P. Doyle and other outstanding citizens.

PALLBEARERS NAMED

[illegible] pallbearers will be Wallace L. Ware, Allison Ware, Phillip Ware, Charles M. Ware, brothers of Santa Rosa; A. R. Callaway of Sacramento and George W. Murphy of Santa Rosa.

Cremation will follow the funeral service.

The Fountain Grove colony of vineyards, orchards and gardens, comprised of 2000 acres three miles from Santa Rosa, was the show place of the country, equalling the home and gardens of Luther Burbank in interest. Prince Nagasawa came to the country about the same time as the horticulturist wizard.

The colony features a magnificent old mansion, with library of thousands of volumes, many of them priceless. Beautiful botanical gardens and fertile vineyards spread from the mansion.

[illegible] COLONY FOUNDED

The colony was founded by a group of the "New Life" cult under the late Thomas Lake Harris, philosopher, writer and poet. Through inheritance and purchase, Prince Nagasawa became sole owner of the property many years ago. Edwin Markham was a friend and intimate.

The son of a Japanese gunpowder manufacturer, then related to the reigning dynasty, Nagasawa was educated in England and America and directed the interests of the Japanese government in 1915 for the Japanese exhibit at the exposition.

He was decorated and made Knight of the Order of the Rising Sun at impressive rites at Fountain Grove, in recognition for his efforts for good will between America and Japan.

Three nephews, a grand nephew and grand niece survive him in this country.

農業や日本のことについて様々に語り合っていたに違いない。

ロンドンは、ビューティー・ランチを作る際に長沢のファウンテングローブ・ランチから学び、参考にしたのではないか。彼の小説に登場する日本人の中には、長沢のイメージをベースにして描かれてはいるものがあるのではないだろうか。

ロンドンは熱心に農業に打ち込み、さまざまな資料や情報を集めて農業を研究し、広くいくつかの実験も行った。たとえば、ユーカリの木を植栽するというテーマについてあらゆる政府広報を調べ、カリフォルニア大学デーヴィス校に出かけて行って農業の専門家と話をしたり、手に入る限りのあらゆる情報について熟考したりした。ルーサー・バーバンクがサンタローザの自分の実験農場から自ら育てたとげなしサボテンを持ちこんだときには、ロンドンは、何にでも挑戦する気概があったので、彼はそれを自分の農場に植栽した。こうしたことにより、彼は農業の専門家になるのに十分な知識を得た。

一方長沢も、新しい農業やワインの製造技術について調査し本を読み、また実験をするのに非常に多くの時間をかけたし、畜牛や馬も飼育した。1893年にはカリフォルニア州ワインコンテストに出品して2位を取っている。ロンドンはカリフォルニア州の農業について研究し、カリフォルニア農業を救おうと思い立ったほどなので、長沢の活動に関心を持たないわけにはいかなかった。

1893年にはサンタローザのワイン製造者から大量のワインやブランデーが陸路で運ばれたが、その出荷量のうちファウンテングローブのシェアは実に約90パーセントに上り、長沢のファウンテングローブ・ワイナリーはカリフォルニア州全体で、つまり全米で十本の指に入るほど大きなワイナリーだった。もちろんロンドンは、農業についてはバーバンクから大きな影響を受けていたが、長沢の技術やスタイルも自分のものとしたり、あるいは参考にしたりしていたのではないだろうか。少なくとも、ロンドンは長沢の大地への愛や人道的な農場経営に共感していたはずである。

3. 長沢、または薩摩武士の作品への影響について

ロンドン文学への薩摩武士の影響については、『チェリー』や『白い牙』などを挙げて、黒木を巡る論文の中ですでに具体的に実証してきたところだが、さらにほかの作品も取り上げてその実証性を高めていきたい。ロンドンの後半の作品群、特に〈農業小説〉の中には、カリフォルニアの農場や日本人の登場人物への言及がよく見られる。登場する理想的な農場は基本的に彼のビューティー・ランチを反映していると思われるが、そのイメージの幾分かは長沢のファウンテングローブ・ランチから来ているかもしれない。ロンドンの晩年の作品に出てくる日本人の登場人物には長沢を思わせる人物もいて、注目に値する。次にその例を見てみよう。

ロンドンの優れた農業小説である『月の谷』（1913）の後半には複数の日本人が登場する。特に、第3部の終盤、〈月の谷〉（カリフォルニア州ソノマ郡のロンドンが暮らした地域の先住民由来の地名）を舞台とする場面では、主人公のビリーが「仔馬に乗って出かけて、実験を続けている日本人化学者と話をしたよ」（London 1913, 191

6：508）と述べているが、実際長沢は農業の研究と実験に多くの時間を割いている。長沢以外にそういう人物がいたとは考えにくい。

ロンドンの未完の遺作である『チェリー』（1916）では、ハワイに住む若い日本人女性チェリーが日本人ヤードボーイの一人〈ノムラ・ナオジロウ〉に思いを寄せている。この作品の中でノムラは、「彼は優秀なヤードボーイだ。彼はいつも働いている。働き過ぎるくらいだ。他のヤードボーイたちは彼が好きではない。だが、彼を恐れている」「ひどく恐れている。ノムラがとても粗野な日本人だからである。彼は強い男だ」とか、

彼がとても粗野で強いことはだれもが知っていることだ。…ノムラは強い眼をしている。彼は何も語らない。彼の眼が語るのだ。だれかがなれなれしくするときノムラの眼はより強く見える。だから他のヤードボーイたちが彼を恐れるのだ

とか、

「ノムラはもっと勇敢だ」そして、

ノムラはすばしっこいわけではない。むしろスローだ。彼の眼が語るのだ。変人の監督官が…ノムラが地位の低い苦力のように素早くないと言って彼の頭を乗馬用の鞭でたたいた。やった！　頭に鞭を受けたノムラは非常に素早かった。ポルトガル人の変人監督官の腕をつかみ…花のように鞍から突き落とすと、監督は地面に仰向けに倒れ、腕が肩の内部でひどく骨折していた

などと説明されている（London 1999：60-61）。

ノムラの眼が語る、つまり目でものを言うのである。彼の行動は普段はのろいが、攻撃されると急にその動作はとても機敏になり、激しい男となる。その眼は武士の眼であり、このような素早さは武士のそれ、特に日本の剣術の速さである。ではロンドンは武士を知っていたのか。すでに少し触れたことだが、橋本順光が指摘しているように、ロンドンはたしかに新渡戸稲造の『武士道、日本の魂』（英文版、1900）を1904年までには読んでいた（橋本2005：218）。エッセイ「黄禍論」（1904）の中で『武士道』の一節に触れているからだ（London 1970：349）。この書は日露戦争後に各国語に訳されてベストセラーになったわけだから（富増2013：21）、短編「おはる」（1897）に見られるような日本への強い関心を持つロンドンがこれを読んでいて

も不思議ではないし、むしろ待望の書だったかもしれない。[3)]

こうしてロンドンは、『武士道』そのほかの書物を読んで武士のことを勉強していたのではないか。そう考えると、たとえば、代表作『野性の呼び声』や『白い牙』に武士道の〈忠義〉を見ることさえできるだろう。ロンドンは、上記したように、『武士道』をその初版がフィラデルフィアで出版された1900年（明治33年）から日露戦争を取材して帰国する1904年（明治37年）の間に読んでいたから、1906年に出された『白い牙』はもちろんのこと、1903年に出された『野性の呼び声』でさえこの書の影響を受けている可能性も否定できない。その『武士道』の第9章「忠義の義務」には、次のような記述がある。

…忠誠心がもっとも重みを帯びるのは、武士道の名誉の規範においてのみである。（新渡戸1993：108、Nitobe 2007：87）

…他の国では忠義が忘れ去られていたり、また私たちが他の国では到達しなかったくらいにまでその考えを進めた…（新渡戸1993：110、Nitobe 2007：88）

このように日本の武士道にとりわけ特徴的に表れ外国より深い到達度を有する「忠義、忠誠心（loyalty）」の厳しさについて、新渡戸は、

生命はここに主君に仕える手段とさえ考えられ、その至高の姿は名誉あるべきものとされたのである。サムライのすべての教育や訓練はこのことにもとづいて行なわれたのである。（新渡戸１９９３：１２２、Nitobe ２００７：95）

と述べている。

さて、そこで、ロンドンの二大代表作を見てみよう。『野性の呼び声』の主人公バックは、愛する主人ジョン・ソーントンのために尋常ではない行動を3回もやって見せる。まず、実行には至らなかったものの、ソーントンの命令どおりに疑いもせず崖下に飛び込もうとした。次に、サークルシティーでソーントンを助けるため、バートンという男の喉を咬み裂いてしまった。さらに、フォーティーマイル川の急流を下っているとき、船から落ちたソーントンを、自身がおぼれそうになりながら救助した。

一方、『白い牙』のホワイト・ファングは、〈愛の神〉と言うほど愛する主人ウィードン・スコットのために、スコット判事邸に押し入った狂暴なジム・ホールと闘い、拳銃

で撃たれながらもこれを咬み殺した。犬は忠実な動物だとはいえ、バックにしてもホワイト・ファングにしても、彼らのエピソードに示されたのは、何という強い忠実さだろう。異常なほどの忠誠心と言ってもいい。これこそ新渡戸のいう「生命はここに主君に仕える手段とさえ考えられ」るような武士道の〈忠義〉であろう。ロンドンがそれを意識して書いたと考えてもあながち不自然ではない。『野性の呼び声』の結末部に、野性の世界に戻って数年たってもバックが毎夏ソーントンと過ごした谷を訪れる、という記述がある。これは、バックのソーントンへの愛の深さを示すものだが、言いかえるとバックの忠誠心・忠義心の強さを示すものでもあるだろう。このエピソードは、すでに触れたことだが、長沢鼎が鹿児島を発って半世紀が経過してもなお、長沢邸を訪れた島津忠重を門前で土下座をして迎えたという逸話を思い起こさせるのに十分だ。

しかし考えてみると、ロンドンが2度に渡って来日したときには、すでに日本に武士はいなかったのだ。ロンドンの日本人使用人たちは武士でも武家の血筋でもなかったし、彼は来日時にも日本で実際に武士に会うことはかなわなかった。ところが、同じソノマ郡にいた長沢鼎は正真正銘の武士だったし、言いかえると、ロンドンが実際に本物の武士を見たりこれと接触したりしたことは、武士出身の黒木為楨陸軍大将を除けば、長沢以外にはない。

すでに述べたとおり、長沢は薩摩士道を叩き込まれた本物の武士であった。彼は、「一見太っており、背丈は低かったが、非常に敏捷」（門田・ジョーンズ1983：134）だった。また、『ディアボーン・インディペンデント』紙の記者が、ある時、長沢が刀を取り出したその現場に居合わせた。記者は、長沢がさやから刀の刃を引き出すしぐさの中に武士の伝統の名残を見てとった。長沢は、アメリカにありながらも、若き日に進んで敵の首を切ろうとするときに行ったように、素早く力強い動きで〈抜き〉を見せ、鮮やかな刀さばきを見せた、ということを記者は証言している（門田・ジョーンズ1983：156）が、これはまさに薩摩の自顕流の特徴である。

長沢は、郷中精神、すなわち強力な精神的・社会的自制心を十分に持ち続けたし、簿記や金銭管理はあまり好きではなかったが、日本国籍を生涯捨てることなく、武士道精神を保持し続けた。チェリーは人種的に純粋な日本人で、誇り高き血筋だが（London 1999：5）、長沢もまさに人種的に純粋で、下級武士の出身ながら名のある家柄である。彼は、日本人であることを誇りとし、武士道精神を持つ典型的な日本人だ。まさにそんな日本人サムライがジャック・ロンドンの近くに住んでいたのだ。

『チェリー』の中でロンドンは、「多くの日本人使用人が〈ノムラが黒木さんによく似ている〉と言うが、黒木さんというのは高い血筋を引く日本の戦時の大将軍である」

(London 1999：61) と書いているが、ノムラのイメージは薩摩のサムライのそれ、つまり長沢のイメージでもあるのではないか。ノムラのモデルは長沢である可能性もある。いや、黒木と長沢のイメージを融合したのがノムラなのかもしれない。すでにほかの章で指摘した『白い牙』の主人公〈白い牙〉の自顕流的描写も、短編「恥さらし」の切腹的描写も、さらに短編「戦争」の〈武士の情け〉的描写も、同じ自顕流や薩摩武士道を修得した黒木と長沢の両方から得たヒントに基づいて書かれたと考えたほうが自然なのかもしれない。また、自顕流的な強さとスピード感を持つ作品は他にも存在するし、厳しい精神性（道徳性、倫理性）を示す作品も存在する。黒木と長沢のロンドンへの文学的・思想的影響は案外大きいかもしれない。

ところで、ロンドンはなぜ強い関心を抱いていたはずの長沢のことに、自分の著作の中で具体的に言及していないのだろう。彼の住所録をすべて調べてみても長沢の名は出てこない。いや、日本人の名前自体がほとんど出てこないというのが事実である。奇妙なことだが、長沢の資料の中にも今のところロンドンの名は見当たらない。おそらくロンドンにしてみれば、日本への警戒を激しく主張した自分が、ごく近距離に住む長沢への関心を公に語れば誤解を生じると考えていたのではないか。そこであえて名前を出さなかったのではないか。長沢は武士としての自覚もあり、階級意識から考えても武士道とは相いれないであろう社会主義を信奉するロンドンには、やはり表向きは距離を置かないわけにはいかなかったのではないだろうか。しかし、逆説的に考えれば、これだけ証拠がそろっていながら名前が出てこない不自然さこそが、かえって二人が親密だったことを示していると言えるかもしれない。

ロンドンは一方で、時代背景もあり日本人に対する偏見のようなものも持っていたが、彼の日本人に対する関心は非常に大きかった。矛盾した面もあった彼が日本人や日本人の精神にどのような関心を持っていたかは非常に興味深いし、ロンドンの日本人に対する関心と彼の作品世界の関係についても、もっと注目されるべきであろう。

注

1）本稿で扱うロンドンと長沢の伝記的な情報については、*A Pictorial Life of Jack London*, *Kanae Nagasawa-A Biography of a Satsuma Student*—およぴ『カリフォルニアの士魂——薩摩留学生長沢鼎小伝』からのものであり、すべての記載ページを示すことはしない。

2）この記事は、20年ほど前にサンタローザ市在住の地方歴史家ファーン・ハージャー氏よりそのコピーを提供していただいたもので、氏によれば、ソノマ・カウンティー・ライブラリーで見つけたものだということだ。コピーには「要保存　歴史的価値あり」という印があるが、その後筆者が自分で

1年以上に渡って調べてみたものの、どこの新聞かは未だに突き止められていない。

3）アメリカ第26代大統領セオドア・ルーズベルト（1858—1919）や日露戦争当時のロシア皇帝ニコライ2世（1894—1917）も読んで、感動したそうだ（富増29）。

あとがき

本年は明治維新１５０年の年に当たる。この節目の年に本書を出版できることは幸せなことと思っているが、実は長沢鼎の伝記を書こうと思ったのはもうずいぶん前のことである。それは恩師門田明先生と先生の伝記が絶版になっていることについて話をしたころだったが、またそれは渡辺正清氏に初めてお会いしたころだったように思う。門田先生は当時鹿児島サンタローザ友好協会会長で、私は幹事か副会長であった。

先生の御研究を勉強して自分なりに書き直してみたいと言う私に門田先生が「それは結構なことだ。僕の書いた伝記に掲載した写真などの版権の問題は私が出版社に掛け合ってあげる」と言ってくださったのを今でも覚えている。ところが私はといえば自分の専門のアメリカ文学、特にジャック・ロンドンに関する研究がまだ不十分だという気持ちが強く、また長沢についての勉強も全然不足していると思っていたので、なかなか手を付けられずにいた。

残念なことに門田先生が亡くなられた時、私はまだまだ多くのことを教えていただく必要があったが、先生の後を継いでサンタローザ友好協会の会長の職に就いていたし、ロンドンと鹿児島をめぐる（もちろん長沢も登場するが）博士論文にとりかかっていたので、長沢の伝記を書く知識も自信もなかった。そうこうするうちに渡辺氏をはじめとするいくつかの長沢伝が世に出て、私は先を越されたように感じてあきらめに近い気持ちになった。

しかし、その後薩摩藩英国留学生派遣150年を迎え、記念館がいちき串木野市にできて、長沢顕彰の機運も盛り上がり、長沢鼎に強く惹かれる私の執筆欲がようやく膨らんできた。門田先生に続いて30年以上ぶりに鹿児島県民が書いた2冊目の新しい長沢伝をぜひ出したいと思い、すでにいくつか長沢関係の論文を書いてはいたものの、本格的な伝記を書くための勉強と執筆が始まった。

そんな中、長沢が育てたブドウの樹がカリフォルニアで見つかるという2016年の奇跡的な事件をきっかけとして、鹿児島に、「ブドウ王」長沢に敬意を表して顕彰しようとする「鹿児島カリフォルニアワインクラブ」が設立された。私も顧問にさせていただいたことで、伝記の執筆にも拍車がかかり、サンタローザの鹿児島友好協会初代会長ハージャー氏の死去や現地での大きな山火事などショッキングな出来事もあったが、かなりのスピードで、長沢の伝記を書きあげることができたのだ。

本書は、門田明先生の御研究、つまり御著書や御論文に負うところが多い。また先生から直接お聞きしたことも多い。それは当たり前といえば当たり前で、門田先生は長沢研究についての私の恩師だからであり、先生の御著書が私の教科書でありバイブルのようなものだからである。先生の研究を中心に整理し、その後出された伝記を参照しながら、一方で新しい情報も持ち込みつつ本書は書かれた。すでに絶版になっている先生の長沢伝には多数の貴重な写真が載っていたが、今回私はその多くを本書に再掲した。本文でも触れたが、先生の収集された貴重な写真は現在鹿児島国際大学にすべて寄贈されているので、それを利用させていただいたわけで、この点でも私は幸運であった。

最初に長沢に関心を持ったのも思えば門田先生のご紹介であった。鹿児島サンタローザ友好協会が発足した年に私は鹿児島短期大学に赴任したが、別件で知り合った先生に入会を勧められたのだ。研究していたジャック・ロンドンと同時代に北カリフォルニアに生きた日本人ということで長沢に引き付けられた。しかもロンドンが日本人や武士道に興味があることも知っていたから、本物の武士がロンドンと同じ時代に同じ地域にいたことは面白い偶然であった。

その後サンタローザには何度も出かけたし、一年間留学を許された時にはほとんど迷うことなくサンタローザを住所に選んだ。私のアパートはファウンテン・グローブに近く、特に長沢の建てたラウンドバーンからは5分ほどのところにあったので、ほぼ日常的に訪れた。このことも幸運だったと思う。

思い起こせば、本書を書き上げ出版するに至るまでには、数多くの方々のご協力や励ましがあった。それなしにはここにはたどり着けなかっただろう。しかしいちいち個人のお名前を挙げてお礼を申し上げる紙幅はないので、どうしても挙げなければならないと考える方のお名前だけになることをご容赦いただきたい。

まずお礼を申し上げるべきは、当然、長沢鼎（顕彰）やサンタローザに関わる方々である。私に快く長沢に関わる資料や写真を使用する許諾をくださったケン・イジチさんと奥様のロクサーヌさん、そしてケンさんに私をご紹介くださったエイミー・イジチ・モリさん、そしてケンさんやエイミーさんの御家族の皆さんに心よりお礼申し上げたい。

さらに、長沢やケンさんの御親族でもありナパのワイナリーにお勤めの赤星映司氏御夫妻、長沢の御子孫の磯長達哉氏御夫妻、御子孫の松原隆夫氏の御家族、同じく御子孫の野崎勉・稔子両先生御夫妻の数々の御親切に深く感謝したい。

古木圭介副会長、七枝事務局長をはじめとする鹿児島サンタローザ友好協会の役員・会員の皆様、サンタローザ友好協会学生支部「サンタローザクラブ」の部員学生・OB諸君、スティーブ・エイメンド会長を始めとするサンタローザの鹿児島友好協会の役員・会員の皆様、津曲貞利会長をはじめとする鹿児島カリフォルニアワインクラブの役員・会員の皆様、リッジワイナリーにお勤めの石窪俊星氏御夫妻、長沢の顕彰を続けてくださっている八幡校区コミュニティ協議会の皆様にも、変わらずいただいている御支援にただ感謝しかない。

いろいろ御支援いただいている団体・個人も多い。鹿児島西ロータリークラブの皆様、国際ソロプチミストクラブ・鹿児島南の皆様、山形屋デパートの皆様、田畑誠一いちき串木野市長や奥ノ園陽介氏をはじめとする薩摩藩英国留学生記念館に関わる皆様、森博幸鹿児島市長をはじめとする鹿児島市役所の皆さま、布袋ワインズの川上康二社長、大塚食品の黒川信治ワイン部部長、南生建設の川畑孝則会長、Go! KagoshimaのCEO門田晶子氏、城山ホテル鹿児島の東清三郎社長と得田秀範副総支配人に対して、日頃の御高配と御厚情に深謝申し上げる。

鹿児島国際大学と同大学院の同僚諸氏や鹿児島短期大学時代からの先輩や仲間にも励ましていただいた。ありがたいことだ。もちろん、今は亡き門田明先生には一方ならぬお世話になり、数多くのことを教えていただいた。鹿児島友好協会の故ハージャー初代会長にも温かい愛情と友情をいただいた。お二人にはお礼の言葉もない。恩師の大浦暁生先生にも長年のご指導に深く感謝したい。

お名前を挙げていけばやはりきりがない。あと少しお許しいただきたい。私の親友で、カリフォルニアワインクラブ会員であり、サンタローザ友好協会の会員でもあり、ジャック・ロンドン協会の会員でもあって、長年精神的に常に支えてくれている国分教育ゼミナール社長八木博之氏とその御家族には特別な感謝が必要である。バーベキュー仲間の道野睦夫御夫妻、私の母や妻や息子たちと娘にも深く感謝している。

年表の作成などに快く協力してくれた鹿児島国際大学大学院生平田ひかるさんには感謝の一言だ。最後になるが、前2冊の単著に引き続き今回も本書の出版を実現してくださった高城書房の寺尾政一郎社長には大変お世話になった。毎回無理ばかり申し上げているがいつも寛容の精神で対応してくださる。心よりお礼申し上げたい。

2018年6月

森　孝晴

【略年表】

西暦	和暦	長沢鼎	日本史・アメリカ史
一八三五	天保　六		音吉らオレゴンに流れ着く
一八三七	八		大塩平八郎の乱
			万次郎漂流、アメリカ到達
			天保の改革
一八四三	一四		万次郎学校入学
一八四五	弘化　二		万次郎卒業、大工修行へ
			アメリカ、「明白な天命」熱高まる
一八四九	六		カリフォルニアでゴールドラッシュ
			ルーサー・バーバンク生まれる
一八五〇	嘉永　三		彦造漂流、アメリカ到達
一八五一	四		万次郎帰国
			集成館事業始まる

【略年表】

一八五二	五	二月二〇日、鹿児島城下に生まれる（本名　磯長彦輔）	エドウィン・マーカム生まれる
一八五三	六	弟、弥之助生まれる	7月、ペリー黒船で浦賀来航
一八五四	安政　元		ペリー再来航、幕府との間に日米和親条約を締結
一八五六	三		彦造、マコンドレイ社に就職 篤姫、徳川家定の御台所となる
一八五八	五	七、八歳のころから四書五経を暗唱する	日米修好通商条約締結 「安政の大獄」始まる 島津斉彬、急死 西郷、月照と入水
一八五九	六	弥之助、赤星家を継ぐ	日米修好通商条約調印
一八六〇	万延　元		条約批准のため、咸臨丸江戸を立ち、三月サンフランシスコ着 六月帰国（ジョン万次郎が通弁） 彦造帰国 桜田門外の変
一八六一	文久　元		南北戦争（～一八六五）

一八六二	二		島津久光率兵入京 生麦事件
一八六三	三	父は火薬局係として働く。自分は母と浦山に避難	八月、薩英戦争
一八六四	元治　元	長沢、洋学校入学（一二歳）	開成所洋学校設立 第一次長州征伐 彦造、「海外新聞」発行
一八六五	慶応　元	二月一三日、留学下命 二月一五日、鹿児島城下出発 二月一六日、羽島着 四月一六日、イギリス船到着 四月一七日、薩摩藩英国留学生羽島出発 六月二一日、サウサンプトン入港 ロンドン着 八月一九日、スコットランドに向け出発。アバディーンのグラバー邸に寄宿し、中学校に入学（一三歳）	亀山社中結成 集成館機械工場完成
一八六六	二		薩長同盟 薩摩藩米国留学生派遣

【略年表】

一八六七	三	六月、アバディーンのフリープレス紙に長沢の名前あり 七月頃、長沢、ロンドンに来る 八月頃、他の五人と共に渡米、ニューヨーク州アミニアのハリスの新生兄弟社に入る オリファントも加入。 一二月、ブロクトンの新農園に移る （一五歳）	パリ万博 高橋是清少年、サンフランシスコに渡航。 米、アラスカ購入 海援隊、結成 龍馬、暗殺される 一一月初めまでに薩摩藩米国留学生が兄弟社に参加 大政奉還
一八六八	明治　元	五月、薩摩学生間に分裂が起こり、鮫島、森と共に残留 六月六日、鮫島と森は帰国の途につく（一六歳） 九月、吉田、畠山、松村、ラトガース大学に入る	明治維新 戊辰戦争 江戸城無血開城 明治政府禁止の不法出国の形で、最初のハワイ・グアム移民一五三名（元年者）が農業労働者として送り出された 五代、大阪に入る
一八六九	二		松村、アナポリスの海軍兵学校に入る

			吉田、新生社の日本人に脱退を勧める 森、廃刀案を上程 アメリカ本土への日本初の農業移民団（会津藩、二〇数人）が加州コロマに入植、若松コロニーを建設するが、失敗して崩壊 最初の大陸横断鉄道開通 東京遷都 版籍奉還
一八七〇	三	一〇月、コーネル大学入学（一八歳）	七月一日の国勢調査で五五人の日本人が登録された（アメリカ）
一八七一	四	年初め、病気でコーネル大を退学 三月、森と再会。この頃、森にアメリカ永住を宣言（一九歳）。新井が新生社に加わる	岩倉具視の遣米使節団（津田梅子ら女子学生五人を含む）
一八七三	六	ハリスとヨーロッパを視察	西郷、下野

【略年表】

			バーバンク、サンタローザの住人となる。サンフランシスコに日本領事館開設。日本人居住者八〇人の記録あり
一八七四	七		西郷、私学校設立
一八七五	八	二月、ハリスと共に加州ソノマ郡サンタローザに移り、ファウンテングローブを購入。このころ、ルーサー・バーバンクと親しくなる。マーカム、ファウンテングローブの一員となる（二三歳）	文部省派遣留学生一団、アメリカへ
一八七六	九	一一月、母屋が完成	一月一二日、ジャック・ロンドンがサンフランシスコに生まれる
一八七七	一〇		西南戦争 西郷、自決
一八七八	一一		五月、大久保利通暗殺される
一八七九	一二	ブドウの植付け開始（二五歳） この頃までに薩摩藩米国留学生帰国	

一八八一	一四	一〇月、母フミ死去	アメリカ本土の日本人一四八人 オリファント、新生社を去る
一八八二	一五	ワイン醸造所完成 レイ・クラーク社設立（三〇歳）	中国人移民制限法案、議会を通過
一八八三	一六		ハワイ移民再開 篤姫、死去
一八八四	一七		ロスの日本人二四～二五人
一八八五	一八	森有礼、初代文部大臣となる	初の「官約移民」九四四人、ハワイに送り出される。以後、北米大陸にも進出 伊藤博文、初代内閣総理大臣 米政府、契約労働者の入国を禁止。ロスの日本人七〇人以上。東欧やイタリアからの新移住民流入始まる 五代、死去
一八八六	一九		アメリカ労働総同盟（ＡＦＬ）結成
一八八七	二〇	カリフォルニア大の委嘱でワイン改良に協力（三五歳）	この頃、日本人排斥運動始まる インディアン保留地指定

【略年表】

一八八九	二二	森、刺殺される	大日本帝国憲法発布
一八九〇	二三	ファウンテングローブの全建物完成。この頃、珍田捨己日本領事と親しくなる。（三八歳）	教育勅語発布 フロンティア消滅。アメリカ本土の日本人二〇三九人（半分以上がカリフォルニア）
一八九一	二四	シュバリエ来訪	日本郵船社長、吉川泰次郎ら移民会社を作る。この後、移民本格化 米政府、「移民法」改正、入国制限強化。太平洋沿岸の日本人四〇六六人（うちサンフランシスコに一五〇〇人）
一八九二	二五	二月、シュバリエが新聞でハリスを攻撃。妻とともにハリスがニューヨークに移ったので、土地と醸造所の管理を任される（四〇歳）	この頃、日本人移民、注目され始める 人民党結成
一八九三	二六	火災が発生するが、半年後に再建 ジョナサン・レイ、急死 カリフォルニア州ワインコンテストに出品し、二位に入賞（四一歳）	不況

一八九四	二七		日本、移民送り出し業務、官営から民営へ。日清戦争勃発 不況
一八九五	二八	甥の本田幸介と協力して、牛馬の育種実験を行う（四三歳）	日清戦争休戦、日清講和条約調印
一八九六	二九	甥の伊地知共喜がファウンテングローブの一員となる（四四歳）	米最高裁の「隔離すれども平等」判決
一八九七	三〇	第一回帰国（四五歳） メキシコに日本人移民による大農場を計画（実現せず） 製絹実験をする	クロンダイクでゴールドラッシュが起こる ハワイとの間で併合条約調印 ロス市内の日本人五〇〇人以上
一八九八	三一	高橋是清、長沢を訪ねる	ロンドン、八月にクロンダイクより帰郷 ハワイ、アメリカ領土となる。ハワイ移民六万人 米西戦争。この頃、日本人移民は増大の一途。
一八九九	三二	新井、帰国	南加鹿児島県人会創立 中国に関する門戸開放宣言

【略年表】

一九〇〇	三三	レイ・クラーク、追放される	この頃、アメリカ本土の日本人約二万五〇〇〇人
一九〇一	三四	ハリスに農場と醸造会社を譲渡され、経営の全責任を負うことになる（四八歳）	この年末から一九〇七年二月までに、ハワイからアメリカ本土に約五万七〇〇〇人の移民が渡る アメリカ社会党結成
一九〇二	三五	甥の佐々木栄吉が加わる（五〇歳）	第一回日英同盟締結
一九〇三	三六	共同経営者のユザルディア・ニコラス、死去	「アジア人排斥同盟」設立（カリフォルニア） ロンドン、七月、『野性の呼び声』 南加鹿児島県人会、サンフランシスコ鹿児島県人会支部から独立 ライト兄弟、飛行機発明
一九〇四	三七	ハリス、衰弱。フロリダで長沢と会う 弟の赤星弥之助死去	ロンドン、一月、日露戦争取材のため、日本へ向け汽船でサンフランシスコを出航。六月に帰国。 日露戦争、勃発

一九〇五	三八		ロンドン、ソノマ郡のグレン・エレン山中に広大な土地を買い、定住を開始 ポーツマス条約調印（日露戦争終結） AFLの路線に反対して世界産業労働者同盟（IWW）発足
一九〇六	三九	ハリス、死去（長沢、五四歳） ハリス夫人は一時、ファウンテングローブに身を寄せる	三月、カリフォルニア州議会、日本人入国制限について決議 四月一八日、サンフランシスコ大地震（日本人移民にも一万人の被害者） サンフランシスコ市教委、日本人生徒の隔離を決議
一九〇七	四〇		年間移民、史上最高を記録 アメリカ本土への日本人移民、十万三〇〇〇人を超える
一九〇八	四一		「日米紳士協定」発効（アメリカ移民、大幅に制限される）

【略年表】

一九〇九	四二	ハリス夫人、サンディエゴへ去る 納屋全焼 この頃、ブドーノコブムシ病波及	門司—鹿児島鉄道開通
一九一〇	四三	下荒田に新戸籍創設。（五八歳） 管理棟焼失	ロンドン、農場経営に力を入れ始める（三四歳） 大逆事件。この頃から多くの写真花嫁が渡米するようになる 韓国併合 一九二〇年までの一〇年間に史上最多の七万人が移民
一九一一	四四	全ファウンテングローブが事実上長沢の所有となる（五九歳） 共同経営者パーティング、死去 全焼した納屋再建	
一九一二	四五 大正元		
一九一三	二	第二回帰国（六一歳） この帰国時、満州・朝鮮の視察を行う	「外国人土地（所有禁止）法」議会通過
一九一四	三		日本、ドイツに宣戦布告 第一次世界大戦勃発

一九一五	四	エジソンやフォードと会う（六三歳） パナマ・パシフィック万国博覧会がサンフランシスコで開催され、出品物審査にあたる	
一九一六	五	九月、一時盲腸炎で危篤状態になる ハリス夫人、死去 甥の磯長紀一、渡米して長沢のワイナリーに加わる	ロンドン、一一月二二日、死去
一九一七	六	第三回帰国（六五歳） 伊地知共喜、梅田ヒロと結婚 姉、モリ死去	米、対独宣戦布告
一九一八	七		米騒動 第一次世界大戦終結
一九一九	八	禁酒法（〜一九三四年）で、打撃を受ける（六七歳） ニューヨーク事務所閉鎖 ハートが敵対する 伊地知幸介、生まれる	米騒動 一月、禁酒法制定 排日協会組織される 南カリフォルニアの日本人三万人
一九二〇	九		日本、国際連盟に加入

【略年表】

			カリフォルニア州議会、排日土地法可決
一九二二	一一		ソ連、成立
一九二三	一二	第四回帰国（七一歳） 鹿児島→朝鮮→東京→横浜→帰国	関東大震災
一九二四	一三	勲五等雙光旭日賞を授与される（七二歳）	
一九二五	一四	推定年収二〇万ドル（七三歳）	治安維持法成立
一九二六	一五 昭和元		バーバンク、死去
一九二七	二		リンドバーグ、大西洋横断飛行
一九二八	三		日本最初の普通選挙
一九二九	四		世界大恐慌
一九三〇	五	甥の赤星鉄馬から二五〇〇〇ドル借り入れる 友人キング、死去（七八歳）	
一九三一	六	赤星鉄馬より一〇〇〇〇ドル借り入れる（七九歳） ハート、訴訟を起こす	満州事変

一九三二	七	長沢、勝訴	満州国建国宣言 五・一五事件 上海事変
一九三三	八		日本、国際連盟脱退
一九三四	九	ロスにワインの販売会社設立 次第に健康状態が悪化し、農園の外へは出なくなる。動脈硬化が進み、死を予見して代理人のロマーノにファウンテングローブを売りに出すよう指示する	一月、禁酒法廃止
一九三五	一〇	三月一日、死去（八二歳） サンタローザ商工会議所がファウンテングローブの一部、八五エーカーを購入する。伊地知共喜、死去（六一歳）	
一九三六	一一	エロル・マックホイルがファウンテングローブの残部をすべて買い取る	二・二六事件
一九三七	一二	年初に長沢ゆかりの人々がファウンテングローブを去る	日中戦争がはじまる

【略年表】

一九三九	一四	五月、裁判所がウエアに有利な判決を出す	第二次世界大戦始まる
一九四〇	一五		日独伊三国軍事同盟 マーカム、死去
一九四一	一六		太平洋戦争始まる
一九四二	一七	伊地知家の人々、このころ約三年間アーカンソー州の収容所キャンプに収容される	
一九四五	二〇		広島、長崎に原爆投下 ポツダム宣言受諾 第二次世界大戦終結
一九四六	二一		日本国憲法発布
一九四七	二二		日本国憲法施行
一九四八	二三	ファウンテングローブの書画・骨とうなど競売にかけられる	
一九四九	二四	リッジワイナリーがファウンテングローブのブドウの樹約百本をモンテ・ベロ・ブドウ園に移植	

一九五〇	二五		朝鮮戦争 マッカーシー旋風始まる
一九五一	二六	商標をマルティーニ・プラッティ・ワイナリーに譲渡（この頃までワインが生産されていた）	サンフランシスコ講和条約締結 日米安全保障条約調印
一九五二	二七	一〇月、長沢の遺骨が帰国する。のちに、鹿児島市易居町の不断光院に安置される	講和条約発効
一九五三	二八		朝鮮休戦協定成立
一九五四	二九		最高裁での公立学校での隔離違憲判決
一九五五	三〇		モントゴメリーのバス・ボイコット事件。公民権運動（〜一九六三）
一九五六	三一		日本、国際連合に加盟
一九六二	三七		キューバ危機 ベトナム戦争始まる
一九六三	三八		ワシントン大行進 ケネディ大統領暗殺

【略年表】

一九六四	三九		東京オリンピック大会 公民権法制定
一九六五	四〇		ベトナム戦争（〜一九七三）
一九六八	四三		キング牧師暗殺
一九六九	四四		宇宙船アポロ一一号月面着陸
一九七〇	四五		大阪万国博 ウーマン・リブ運動起こる
一九七一	四六	母屋や家族棟が解体される	
一九七二	四七		沖縄復帰
一九七三	四八		日本、石油危機、狂乱物価 ベトナム戦争和平協定成立 米、石油危機
一九七四	四九		ウォーターゲート事件
一九七七	五二		ロッキード事件初公判
一九七八	五三	ウォーター・ビックがファウンテングローブでブドウの栽培を始める	
一九七九	五四	ワイナリーの農園の土地が売却され、小分けされる	ロス圏内に日系人一九万人

		鹿児島市冷水町の興国寺墓地にある磯長家墓所内に長沢の墓が建立され、遺骨が埋葬される
一九八二	五七	西鹿児島駅（現鹿児島中央駅）前に「若き薩摩の群像」建立される
一九八三	五八	レーガン大統領来日、国会演説で、長沢の功績を称える サンタローザに鹿児島友好協会発足 サンタローザ友好協会発足 いわゆる「長沢ブドウの木」が鹿児島に送られる 門田先生の『長沢伝』出版される
一九八六	六一	山形屋デパートが「長沢ワイン」の輸入・販売をスタート
一九八七	六二	サンタローザと学生交換始まる（SRKSEP）
一九八九	平成　元	「長沢ブドウの木」が市内三校に贈られる

【略年表】

一九九〇	二		中東湾岸危機
一九九一	三		米、中東湾岸戦争に勝利
一九九三	五		日本ジャック・ロンドン協会設立
一九九四	六	ビックがパラダイスリッジワイナリーを開設	
一九九八	一〇		南加鹿児島県人会会員四三五家族
一九九九	一一		南加鹿児島県人会百周年記念行事、記念誌発行
二〇〇〇	一二	サンタローザ友好協会学生支部発足	
二〇〇一	一三		9・11テロ アフガニスタン戦争
二〇〇三	一五		イラク戦争
二〇〇六	一八	ワイナリー跡地が売り出されるが、買い手がつかず	
二〇〇七	一九	サンタローザにナガサワ・コミュニティーパーク開園	
二〇〇八	二〇	鹿児島の歴史学者ら、「群像を完成させる会」を設立	
二〇〇九	二一	門田先生、死去	初の黒人大統領（オバマ）誕生

二〇一一	二三	九～十二月、鹿児島国際大学で日本初の長沢鼎展開催される	日本ジャック・ロンドン協会第二〇回年次大会
二〇一二	二四		
二〇一三	二五	サンタローザ友好協会三十周年	
二〇一四	二六	七月、いちき串木野市羽島に「薩摩藩英国留学生記念館」オープン	
二〇一五	二七	サンタローザとの学生交流が三〇〇人を越える 薩摩藩英国留学生派遣一五〇周年 「長沢鼎　本籍・生立ちの碑」鹿児島市下荒田町に建立される	
二〇一六	二八	ファウンテングローブの建物群、すべて解体・撤去される リッジワイナリーが一九四九年にファウンテングローブから移植したカベルネ・ソーヴィニオンの樹が日本人ワインメーカーによって発見され、その樹でワインが作られていることも判明	

二〇一七	二九	ファーン・ハージャー氏（鹿児島友好協会前会長）、死去 三月、鹿児島カリフォルニアワインクラブ設立 四月、鹿児島国際大に長沢鼎常設展示室兼資料室設立される 一〇月、大きな山火事でラウンドバーン焼失。鹿児島で支援運動広がる
二〇一八	三〇	記念館、入館者十五万人達成 五月、鹿児島の城山ホテル鹿児島に長沢に敬意を表するワインバー「ザ セラー N バロン・ナガサワ」がオープン。オープンセレモニーにケン・イジチ氏夫妻が出席

【参考文献】

長沢鼎（１８７１）．『長沢鼎日記』串木野：串木野市役所保管．

――（１９８０，１９９４，１９９７，１９９８）．『長沢鼎日記』の翻刻『鹿児島県立短期大学地域研究所「研究年報」第９号（１９８０年）、第23号（１９９４年）、第26号（１９９７年）、第27号（１９９８年）．

London, Jack (1913, 1916). *The Valley of the Moon*. New York : Grosset & Dunlap Publishers.
――(1999). *Cherry*. *Jack London Journal Number 6*. Chicago : Jack London Journal.

鷲津尺魔（１９３３）．『長沢鼎翁伝』：鹿児島国際大学蔵．

鹿児島県（１９４３）．『鹿児島県史　別巻』鹿児島：鹿児島県．

島津斉彬（１９４４，２００８）．『島津斉彬言行録』東京：岩波文庫．


南日本新聞社（編）（１９６７）．『鹿児島百年〈中〉明治編』鹿児島：春苑堂書店．

――（編）（１９６９）．『郷土人系（中）』鹿児島：南日本新聞社．

――（編）（１９７５）．『三代軍人列伝　薩摩の武人たち』鹿児島：南日本新聞社．

――（編）（１９８１）．『郷土紙にみるかごしま世相百年』鹿児島：南日本新聞開発センター．

――（編）（２００５）．『鹿児島近代化遺産』鹿児島：南日本新聞開発センター．


若槻泰雄（１９７２）．『排日の歴史　アメリカにおける日本人移民』東京：中公新書．


犬塚孝明（１９７４，１９８１）．『薩摩藩英国留学生』東京：中公新書．

――（１９８６）．「翻刻　杉浦弘蔵ノート」『鹿児島県立短期大学地域研究所研究年報第15号』鹿児島：鹿児島県立短期大学．

――（１９８７）．『明治維新対外関係史研究』東京：吉川弘文館．

――（２００１）.『密航留学生たちの明治維新　井上馨と幕末藩士』東京：日本放送出版協会.
――（２００７）.「１８６６　慶応二年　薩摩藩英国留学生」『世界を見た幕末維新の英傑たち　咸臨丸から岩倉使節団まで』東京：新人物往来社.
――（２０１３）.「長沢鼎（かなえ）―祖国近代化のはざまで―」『新薩摩学　知られざる近代の諸相　変革期の人々』鹿児島：南方新社.
松永守道（１９７６）.『薩摩の秘剣　薬丸自顕流』鹿児島：自費出版.
木村毅（１９７８）.『明治アメリカ物語』東京：東京書籍・東書選書17.
Leathers, Noel L. (1978). *The Japanese in America* (*New Edition*). Tokyo: Hokuseido.
門田明、テリー・ジョーンズ（１９８３）.『カリフォルニアの士魂――薩摩留学生・長沢鼎小伝』東京：本邦書籍.
The Japanese American Curriculum Project, Inc. (1985). *Japanese American Journey: The Story of a People* : JACP, Inc.
宮澤眞一（１９８７）.『薩摩とイギリスの出会い』鹿児島：高城書房.
――（編著）（１９８８）.『英国人が見た幕末薩摩』鹿児島：高城書房.
大浦暁生（監修）、ジャック・ロンドン研究会（編）（１９８９）.『ジャック・ロンドン』東京：三友社出版.
ジャック・ロンドン研究会（編）、大浦暁生（監修）（１９８９）.『ジャック・ロンドン』東京：三友社出版.
Kadota, Paul Akira and Terry Earl Jones (1990). *Kanae Nagasawa—A Biography of a Satsuma Student*— Kagoshima : Kagoshima Prefectural Junior College.
下竹原弘志（１９９０）.『郷土と日本を築いた熱き薩摩の群像７００名』鹿児島：指宿白水館.

山本通隆（1990）．『加利府の古伝　カリフォルニアと日本』．ユリーカ・ライブラリー．

門田明（1991）．『若き薩摩の群像』鹿児島：春苑堂かごしま文庫1．

新渡戸稲造（1993）．奈良本辰也（訳）．『武士道』東京：三笠書房知的生きかた文庫．

（2009）．奈良本辰也（訳）．『英語と日本語で読む「武士道」』東京：三笠書房知的生きかた文庫．原著は1900年に出版．

串木野市（編）（1996）．『1996串木野市勢要覧』串木野市：串木野市役所．

植木照代、ゲイル・K・佐藤ほか（1997）．『日系アメリカ文学　三世代の軌跡を読む』大阪：創元社．

加来耕三（1997）．『西郷隆盛と薩摩士道』鹿児島：高城書房．

高橋幸春（1997）．『日系人　その移民の歴史』東京：三一書房．

森孝晴（1998）．『椋鳩十とジャック・ロンドン』鹿児島：高城書房．

（2014）．『ジャック・ロンドンと鹿児島』鹿児島：高城書房．

西山正徳（1999）．『薩英戦争』鹿児島：高城書房．

尚古集成館（編）（2003，2006）．『――図録　薩摩のモノづくり――島津斉彬の集成館事業』鹿児島：尚古集成館．

巽孝之（2003）．『アメリカ文学史』東京：慶応義塾大学出版会．

島津義秀（2005）．『薩摩の秘剣　野太刀自顕流』東京：新潮新書、新潮社．

歴史群像編集部（編）（2005）．『日本の剣術』東京：学研パブリッシング．

学研（編）（2006）．『幕末戊辰西南戦争』東京：学研．

新人物往来社（編）（2007）．『別冊歴史読本64号　世界を見た幕末維新の英雄たち』東京：新人物往来社．

中央英米文学会（編）（2007）．『問い直す異文化理解』東京：松柏社．

――（編）（2013）．『新たな異文化解釈』東京：松柏社．

徳永和喜（2007）．『天璋院篤姫　徳川家を護った将軍御台所』東京：新人物往来社．

Nitobe, Inazo (2007). *Bushido The Soul of Japan*. Tokyo : IBC Publishing, Inc.

林望（2007，2010）．『薩摩スチューデント、西へ』東京：光文社．

志茂田景樹（2008）．『蒼翼の獅子たち』東京：河出書房新社．

新星出版社編集部（編）（2008）．『幕末・維新』東京：新星出版社．

高橋久志（2008）．「薩摩の武士道をさぐる　野太刀自顕流の起源と精神」酒井直行（編）『天璋院篤姫ガイドブック』東京：新人物往来社．

寺尾美保（2008）．『みんなの篤姫』鹿児島：南方新社．

原口泉（2008）．『篤姫　わたくしこと一命にかけ』東京：グラフ社．

――（監修）（2008）．『薩摩の群像』東京：学研．

フォーナー，エリック（2008）．横山良ほか（訳）．『アメリカ　自由の物語（上）』東京：岩波書店．

別冊歴史読本14（2008）．『天璋院篤姫ガイドブック』東京：新人物往来社．

星亮一（2008）．『会津藩VS薩摩藩　なぜ袂を分かったか』東京：KKベストセラーズ．

古閑章（編）（2009）．『新薩摩学シリーズ7　鹿児島の近代文学・散文編』鹿児島：南方新社．

橋口満（2009）．『よみがえれ!!鹿児島の品格』鹿児島：高城書房．

宮下亮善（編）（2009）．『西郷（せご）どんと薩摩士風』鹿児島：西郷隆盛公奉賛会．

講談社（編）（2010）．『日本の歴史　幕末の志士　龍馬とその時代　第6巻　〝攘夷思想の終焉〟薩英戦争』東京：講談社．

ロンドン，ジャック（2011）．辻井栄滋・芳川敏博（訳）．『ジャック・ロンドン多人種もの傑作短篇選』東京：明文書房．

今吉弘、徳永和喜（編著）（2012）．『鹿児島県謎解き散歩』東京：新人物往来社．

加藤祐三（2012）．『幕末外交と開国』東京：講談社．

来原慶助（2012）．『日露戦争における黒木為楨大将』鹿児島：南方新社．

氏家幹人（2012）．『武士マニュアル』東京：メディアファクトリー．

多胡吉郎（2012）．『海を越え、地に熟し　長沢鼎　ブドウ王になったラスト・サムライ』東京：現代書館．

富増章成（2013）．「新渡戸稲造の「武士道」」『男の隠れ家』2013年五月号．東京：プラネットライツ．

渡辺正清（2013）．『評伝　長沢鼎　カリフォルニア・ワインに生きた薩摩の士』鹿児島：南日本開発センター．

ネルケ無方（2014）．『日本人に「宗教」は要らない』東京：KKベストセラーズ．

熊田忠雄（2016）．『明治を作った密航者たち』東京：祥伝社．

森孝晴、三木靖（2016）．『鹿児島歴史の旅—島津藩政と「薩摩藩英国留学生」—』（平成27年度特別講演会・かごしま県民大学中央センター連携講座解説冊子）鹿児島：鹿児島城西ロータリークラブ・鹿児島国際大学
上坂昇（2017）．『カリフォルニアのワイン王　薩摩留学生・長沢鼎—宗教コロニーに一流ワイナリーを築いた男』東京：明石書店．

長沢鼎常設展示室兼資料室所蔵資料（鹿児島国際大学内、約400点）

成美堂出版編集部（編）．東京都歴史教育研究会（監修）．『一冊でわかる　イラストでわかる　図解幕末・維新』東京：成美堂出版．

森　孝晴
1955年、広島県生まれ。中央大学大学院博士前期課程修了。鹿児島短期大学教授を経て、現在鹿児島国際大学教授、同大学院教授。専攻はアメリカ文学。1992年1月、「ジャック・ロンドン・マン・オブ・ザ・イヤー賞」(1991年度)受賞。2013年9月、博士(国際文化学)。日本ジャック・ロンドン協会会長。鹿児島サンタローザ友好協会会長、松風会(椋鳩十顕彰、文学普及)会長。鹿児島カリフォルニアワインクラブ顧問。

●著 書
『椋鳩十とジャック・ロンドン』(単著、高城書房)
Jack London in Canada(単著、英文、Canada Project Kyushu)
『ジャック・ロンドン』(共著、三友社出版)
『「アメリカの悲劇」の現在』(共著、中央大学出版部)
『問い直す異文化理解』(共著、松柏社)
『ウィリアム・スタイロンの世界』(共著、中央大学出版部)
『新薩摩学シリーズ7 鹿児島の近代文学・散文編』(共著、南方新社)
『新たな異文化解釈』(共著、松柏社)
『いま読み直すアメリカ自然主義文学―視線と探究』(共著、中央大学出版部)
『ジャック・ロンドンと鹿児島』(単著、高城書房)

●訳 書
『アメリカ残酷物語』(共訳、ジャック・ロンドン著、新樹社)
『ジャック・ロンドン名論卓説集』(共訳、ジャックロンドン著、明文書房)

鹿児島人物叢書⑧ 長沢鼎 －武士道精神と研究者精神で生き抜いたワインメーカー－

平成30年8月10日初版発行
著　者　森　孝晴
発行者　寺尾政一郎
発行所　株式会社高城書房
鹿児島市小原町32-13
TEL 099-260-0554
振 替 02020-0-30929
HP http://www.takisyobou.co.jp
印刷所　大同印刷株式会社

© TAKAHARU MORI 2018 Printed in Japan
落丁本・乱丁本はお取り替えいたします。
ISBN978-4-88777-166-6 C0023